Max Stone

El Código de la Abundancia
El Camino de la Mente Alineada

Título Original: *O Despertar da Abundância*
Título en Español: *El Código de la Abundancia*
Copyright © 2025, publicado por Luiz Antonio dos Santos ME.
Este libro es una obra de no ficción que explora prácticas y conceptos en el campo del desarrollo personal y la abundancia. A través de un enfoque integral, el autor ofrece herramientas prácticas para alcanzar el equilibrio emocional, la prosperidad y la realización personal.
1ª Edición
Equipo de Producción
Autor: Max Stone
Editor: Luiz Santos
Portada: Studios Booklas / Ricardo Farias
Consultor: Helena Martins
Investigadores: Thiago Souza, Fernanda Ribeiro, Marcos Lima
Diagramación: Carlos Mendes
Traducción: Juliana Rocha
Publicación e Identificación
El Código de la Abundancia
Booklas, 2025
Categorías: Desarrollo Personal / Espiritualidad
DDC: 158.1 / **CDU:** 159.923
Todos los derechos reservados a:
Luiz Antonio dos Santos ME / Booklas
Ninguna parte de este libro puede ser reproducida, almacenada en un sistema de recuperación o transmitida por ningún medio — electrónico, mecánico, fotocopia, grabación u otro— sin la autorización previa y expresa del titular de los derechos de autor.

Contenido

Índice Sistemático 4
Prólogo 10
Capítulo 1 Definiendo Abundancia 12
Capítulo 2 Pensamientos Positivos 18
Capítulo 3 Afirmaciones Poderosas 25
Capítulo 4 Visualización Creativa 32
Capítulo 5 La Ley de la Atracción 38
Capítulo 6 Eliminando Creencias Limitantes 45
Capítulo 7 Autoconocimiento Profundo 51
Capítulo 8 Curación Interior 57
Capítulo 9 Mentalidad de Abundancia 63
Capítulo 10 Lenguaje Positivo 69
Capítulo 11 Limpieza Energética 76
Capítulo 12 Cristales y Abundancia 82
Capítulo 13 Aromaterapia Vibracional 88
Capítulo 14 Feng Shui para la Prosperidad 94
Capítulo 15 Música y Frecuencias 100
Capítulo 16 Meditación para la Abundancia 106
Capítulo 17 Mantras Poderosos 112
Capítulo 18 Mudras Sagradas 118
Capítulo 19 Danza y Movimiento 124
Capítulo 20 Baños Energéticos 130
Capítulo 21 Visualización de Colores 136

Capítulo 22 Aprendizaje Continuo 142
Capítulo 23 Donando y Compartiendo 148
Capítulo 24 Creando Oportunidades 154
Capítulo 25 Celebrando el Éxito 160
Capítulo 26 Actitud de Gratitud 166
Capítulo 27 Visualizando el Futuro 172
Capítulo 28 Actuando con Intuición 178
Capítulo 29 Conexión Espiritual 184
Capítulo 30 Sirviendo al Mundo 190
Capítulo 31 Siguiendo tu Intuición 196
Capítulo 32 Viviendo con Propósito 202
Capítulo 33 Desapego Material 208
Capítulo 34 Simplicidad y Minimalismo 214
Capítulo 35 Abundancia Interior 219
Capítulo 36 Compartiendo la Abundancia 225
Epílogo 231

Índice Sistemático

Capítulo 1: Definiendo la Abundancia - Describe la abundancia como un estado holístico que abarca las dimensiones material, emocional, mental, espiritual y física, yendo más allá de la mera acumulación de bienes.

Capítulo 2: Pensamientos Positivos - Aborda el impacto de los pensamientos positivos en la creación de la realidad, comparándolos con semillas que germinan en la mente y dan frutos en forma de experiencias.

Capítulo 3: Afirmaciones Poderosas - Explora el poder de las afirmaciones para reprogramar la mente subconsciente, transformando creencias limitantes en patrones de pensamiento positivos y fortalecedores.

Capítulo 4: Visualización Creativa - Describe la visualización creativa como una herramienta para materializar objetivos, donde la mente "entrena" para el éxito al imaginar con detalles la vida deseada.

Capítulo 5: La Ley de la Atracción - Explica la Ley de la Atracción como una fuerza universal que opera continuamente, atrayendo experiencias que vibran en la misma frecuencia de nuestros pensamientos y emociones.

Capítulo 6: Eliminando Creencias Limitantes - Detalla cómo identificar y superar creencias limitantes, comparándolas con jaulas que impiden el vuelo hacia los sueños.

Capítulo 7: Autoconocimiento Profundo - Presenta el autoconocimiento como un mapa para navegar por la propia mente y emociones, revelando potenciales ocultos y desbloqueando el camino para alcanzar sueños.

Capítulo 8: Curación Interior - Aborda la curación interior como un proceso esencial para liberarse de bloqueos emocionales, comparándola con el cuidado de un jardín que necesita atención para florecer.

Capítulo 9: Mentalidad de Abundancia - Describe la mentalidad de abundancia como la confianza en que hay espacio y recursos para que todos prosperen, comparándola con un banquete abundante donde todos son bienvenidos.

Capítulo 10: Lenguaje Positivo - Explica cómo el lenguaje positivo moldea la realidad, comparando las palabras con pinceles que colorean las experiencias de vida.

Capítulo 11: Limpieza Energética - Presenta la limpieza energética como una práctica esencial para remover bloqueos y mantener el flujo de energía vital, comparándola con la limpieza de un río para que sus aguas fluyan libremente.

Capítulo 12: Cristales y Abundancia - Explora el uso de cristales para atraer prosperidad y equilibrio, comparándolos con antenas que sintonizan frecuencias energéticas sutiles.

Capítulo 13: Aromaterapia Vibracional - Aborda la aromaterapia vibracional como una forma de equilibrar cuerpo y mente a través de los aceites esenciales, comparándola con un paseo por un jardín donde los aromas transmiten serenidad y vitalidad.

Capítulo 14: Feng Shui para la Prosperidad - Explica cómo aplicar el Feng Shui para armonizar ambientes y atraer prosperidad, comparando la casa con un organismo vivo donde la energía debe circular libremente.

Capítulo 15: Música y Frecuencias - Describe la influencia de la música en la vibración energética, comparándola con una orquesta sinfónica que armoniza cuerpo y mente.

Capítulo 16: Meditación para la Abundancia - Presenta la meditación como una herramienta para calmar la mente y conectar con la abundancia interior, comparándola con un lago que revela su belleza cuando sus aguas se calman.

Capítulo 17: Mantras Poderosos - Explora el poder de los mantras para transformar la realidad, comparándolos con llaves que abren puertas invisibles para el flujo de energía universal.

Capítulo 18: Mudras Sagradas - Describe los mudras como gestos que armonizan la energía vital, comparándolos con canales que conducen la energía a áreas específicas del cuerpo y la mente.

Capítulo 19: Danza y Movimiento - Aborda la danza como una forma de desbloquear energías y conectar con la abundancia, comparándola con un ritual de celebración de la vida.

Capítulo 20: Baños Energéticos - Explica el uso de baños energéticos para purificar y revitalizar, comparándolos con una cascada natural que limpia y renueva.

Capítulo 21: Visualización de Colores - Describe la visualización de colores como una forma de armonizar chakras y atraer energías específicas, comparándola con un arcoíris que irradia vibraciones positivas.

Capítulo 22: Aprendizaje Continuo - Aborda el aprendizaje continuo como un nutriente esencial para el crecimiento personal y profesional, comparándolo con el cuidado de un jardín que necesita atención para florecer.

Capítulo 23: Donando y Compartiendo - Explica la importancia de donar y compartir para fortalecer el flujo de la abundancia, comparándola con un río que se renueva al compartir sus aguas.

Capítulo 24: Creando Oportunidades - Describe la creación de oportunidades como un proceso activo de preparación y acción, comparándola con un agricultor que cultiva la tierra para una cosecha abundante.

Capítulo 25: Celebrando el Éxito - Aborda la importancia de celebrar el éxito para consolidar conquistas, comparándolo con un atleta que celebra la victoria tras una competición.

Capítulo 26: Actitud de Gratitud - Explica la gratitud como una fuerza transformadora que atrae la abundancia, comparándola con un vaso lleno de agua que, al ser apreciado, crea espacio para recibir más.

Capítulo 27: Visualizando el Futuro - Describe la visualización del futuro como un proceso de diseño consciente de la vida deseada, comparándola con un arquitecto que visualiza un edificio antes de construirlo.

Capítulo 28: Actuando con Intuición - Aborda la intuición como una guía interna confiable, comparándola con un navegante que confía en las estrellas ocultas para encontrar el camino.

Capítulo 29: Conexión Espiritual - Explica la conexión espiritual como un lazo profundo con una fuerza mayor, comparándola con un árbol cuyas raíces profundas lo sustentan.

Capítulo 30: Sirviendo al Mundo - Describe el servicio al mundo como un acto de generosidad y transformación social, comparándolo con un jardinero que comparte sus flores y frutos con la comunidad.

Capítulo 31: Siguiendo tu Intuición - Refuerza la importancia de seguir la intuición como guía para la vida, comparándola con un explorador que confía en sus instintos para navegar por la selva.

Capítulo 32: Viviendo con Propósito - Aborda la vida con propósito como una jornada de significado y realización, comparándola con un río que fluye con determinación hacia el mar.

Capítulo 33: Desapego Material - Explica el desapego material como un camino para la libertad y la conexión con lo esencial, comparándolo con un pájaro que vuela ligero sin cargar peso.

Capítulo 34: Simplicidad y Minimalismo - Describe la simplicidad y el minimalismo como la elección consciente de vivir con intencionalidad, comparándola con una casa organizada donde cada objeto tiene su lugar.

Capítulo 35: Abundancia Interior - Aborda la abundancia interior como una fuente inagotable de riqueza emocional y espiritual, comparándola con un pozo artesiano que siempre ofrece agua pura.

Capítulo 36: Compartiendo la Abundancia - Describe el compartir la abundancia como una expresión auténtica de prosperidad, comparándola con una mesa abundante donde todos son bienvenidos a compartir.

Prólogo

Querido lector, Estás a punto de iniciar una jornada que trasciende las páginas de un simple libro. Este no es apenas un compendio de palabras; es una invitación para sumergirte en un universo donde la verdadera abundancia no es solo un concepto, sino una experiencia viva, pulsante y transformadora.

Vivimos en un mundo saturado por ideas superficiales sobre éxito y prosperidad, donde la abundancia muchas veces es confundida con acumulación material. ¿Pero y si le dijera que existe algo mucho más profundo, un camino oculto que conduce a una vida plena en todas las dimensiones — mental, emocional, física y espiritual? Aquí, usted encontrará ese camino.

Al virar estas páginas, usted no solo leerá, sino sentirá. Sentirá el despertar de una nueva consciencia, donde cada palabra actúa como una llave para abrir puertas antes invisibles. Este libro susurra verdades que permanecen ocultas a los ojos desatentos, pero se revelan a quien tiene coraje de cuestionar, reflexionar y transformar.

Permítase descubrir. Imagine por un instante una vida en que sus acciones fluyen en perfecta armonía con sus pensamientos y emociones. Donde el miedo no más dicta sus decisiones y las creencias limitantes se disuelven como niebla al sol. Ese estado no es una utopía distante — él está a su alcance, más próximo de lo que usted imagina.

Aquí, usted aprenderá que la verdadera abundancia comienza con la claridad mental, la autenticidad emocional y la conexión espiritual. No se trata de promesas vacías, sino de prácticas concretas que, cuando integradas a su rutina, desencadenan cambios reales. Cada concepto explorado fue cuidadosamente tejido para provocar una reflexión profunda, romper patrones autosaboteadores y reconstruir una nueva percepción de sí y del mundo.

¿Está preparado para ese despertar? A cada capítulo, usted será guiado a revisitar su propia historia, sus miedos, sus limitaciones. Y, más importante, será inspirado a libertarse de ellas. Este libro no es una guía común; es un espejo que refleja no solo quien usted es, sino quien usted puede ser.

Imagínese caminando por un jardín exuberante donde cada flor, cada hoja, cada sonido de la naturaleza resuena con la energía de la abundancia. Así es la jornada propuesta aquí: una reconexión con la fuente infinita que sustenta la vida, una armonía natural entre el dar y el recibir, el ser y el realizar.

Despierte. La abundancia no es un privilegio de pocos. Ella es el derecho de todos que eligen trilhar el camino del autoconocimiento y de la evolución. Este libro es más que lectura; es una experiencia de transformación. Las palabras que encontrará aquí son semillas. Y, como todo buen jardinero sabe, la verdadera belleza surge cuando se cultiva con intención, paciencia y amor.

Usted ya dio el primer paso al abrir este libro. Ahora, permítase sumergirse sin reservas. Cuestione. Reflexione. Sienta. Y, por encima de todo, permítase ser guiado por cada revelación que estas páginas tienen a ofrecer.

Que esta lectura sea el inicio de una nueva etapa, donde cada pensamiento, cada decisión, cada acción sea un reflejo de su esencia más pura y auténtica.

La abundancia lo espera. Abra este portal. Déjese conducir.

Con profunda admiración y confianza,
Luiz Santos. Editor

Capítulo 1
Definiendo Abundancia

La abundancia es la esencia de un estado pleno y armonioso que se refleja en todos los aspectos de la existencia humana, yendo más allá de la acumulación de bienes materiales. Es la expresión de una vida alineada con la salud vibrante, las relaciones significativas, la realización profesional, la paz interior y la libertad de vivir en autenticidad. Este estado es caracterizado por una conexión fluida con la fuente universal de prosperidad y bienestar, un equilibrio dinámico que nutre cuerpo, mente y espíritu. Así, vivir en abundancia no significa solo tener lo suficiente para satisfacer las necesidades, sino experimentar una plenitud que trasciende la propia comprensión de lo que es suficiente.

La verdadera abundancia se manifiesta en varias dimensiones interligadas, cada una contribuyendo para un todo unificado. En el aspecto material, ella es representada por la seguridad financiera y por la capacidad de disfrutar los recursos necesarios para una vida confortable. Emocionalmente, es la habilidad de expresar sentimientos genuinos y de cultivar relaciones basadas en amor, respeto y alegría. En el campo mental, abundancia significa poseer claridad, creatividad y la capacidad de aprender continuamente. En el plano espiritual, está en la conexión profunda con algo mayor, que trae significado y propósito a la vida. Finalmente, físicamente, es la vitalidad que viene de un cuerpo saludable y en equilibrio.

La prosperidad genuina nace del reconocimiento de la interconexión entre esas dimensiones. Como piezas de un gran mosaico, cada área precisa ser nutrida y equilibrada para formar un cuadro completo de plenitud. La mentalidad que usted adopta es una pieza central en ese proceso; pensamientos positivos, creencias fortalecedoras y una práctica constante de gratitud crean un ambiente fértil para el florecimiento de la abundancia. De la misma forma, la energía que usted emana, influenciada por las emociones y por su vibración, se conecta con la energía a su alrededor, alineando sus intenciones con las oportunidades que la vida ofrece.

Mantener el equilibrio entre acción y espiritualidad es igualmente esencial para manifestar una vida abundante. La acción, guiada por la claridad de propósito y por la determinación, es el canal a través del cual sus deseos se hacen realidad. Por otro lado, la conexión espiritual fortalece su confianza en algo mayor, alimentando su resiliencia e inspiración a lo largo del camino. La integración de esas prácticas cotidianas forma la base de un ciclo virtuoso de crecimiento, donde cada conquista refuerza la confianza y abre espacio para nuevas posibilidades.

La llave para vivir en abundancia está en la elección consciente de alinearse con ese estado. Eso exige autoconocimiento para identificar sus deseos genuinos y superar limitaciones autoimpuestas. Definir metas claras y actuar con propósito es fundamental, así como practicar la gratitud por todo lo que ya forma parte de su vida. Con cada paso en esa jornada, usted estará construyendo un ambiente interno y externo que favorece la prosperidad continua, permitiendo que su vida sea una expresión auténtica y vibrante de la plenitud que usted merece.

Imagínese caminando por un jardín exuberante, donde la naturaleza florece en armonía perfecta. Flores vibrantes se abren en colores vivos, árboles frutales se curvan bajo el peso generoso de sus frutos, y un riachuelo cristalino serpentea suavemente por el espacio, esparciendo frescor y serenidad. Cada elemento de ese jardín prospera en su propio ritmo, coexistiendo de forma equilibrada y natural. Esa imagen no es solo una metáfora de la abundancia, sino una representación tangible de cómo la vida puede ser cuando estamos alineados con la fuente inagotable de prosperidad y bienestar. Así como las plantas reciben la cantidad correcta de luz, agua y nutrientes para crecer, nosotros también florecemos cuando nutrimos todas las áreas de nuestra existencia.

Esa abundancia se manifiesta de maneras diversas, comenzando por el aspecto material. Más que acumular bienes o dinero, la verdadera abundancia material es vivir con prosperidad financiera suficiente para atender confortablemente las necesidades básicas y, al mismo tiempo, realizar deseos personales. Ella trae seguridad y libertad, permitiendo que usted invierta en sus sueños y construya una vida más equilibrada. Ese estado es alcanzado por medio de elecciones conscientes, como una planificación financiera sólida, la práctica de la generosidad y la adopción de una mentalidad de crecimiento. Cada decisión responsable fortalece las raíces de esa seguridad, permitiendo que sus proyectos florezcan naturalmente.

En el campo emocional, la abundancia se revela a través del equilibrio y de la autenticidad con que usted experimenta y expresa sus sentimientos. Reconocer y aceptar sus emociones, sean ellas alegres o desafiadoras, sin juzgamiento, es el primer paso para cultivar relaciones más profundas y armoniosas. Desarrollar amor propio, empatía y resiliencia fortalece esa base emocional, creando un ambiente interno propicio para la paz y la alegría. La gratitud diaria y el perfeccionamiento de la inteligencia emocional funcionan como nutrientes esenciales para esa forma de abundancia, nutriendo vínculos afectivos y promoviendo bienestar.

En el ámbito mental, la abundancia se traduce en claridad de pensamiento, creatividad y una mente abierta al aprendizaje continuo. Una mente abundante no se limita por creencias restrictivas; por el contrario, ella explora nuevas ideas, cuestiona paradigmas y se adapta a los cambios con flexibilidad. Para alimentar esa abundancia mental, es vital buscar conocimiento constantemente, reflexionar sobre experiencias, estimular la curiosidad y equilibrar momentos de foco intenso con períodos de descanso. Así como la tierra precisa ser removida para nuevas semillas crezcan, la mente debe ser desafiada y renovada para expandir sus posibilidades.

La dimensión espiritual de la abundancia trasciende el mundo material, conectando usted a algo mayor, sea por medio de la fe, de la meditación, del contacto con la naturaleza o de prácticas que despierten su propósito de vida. Esa conexión profunda trae un sentido de pertenencia, paz interior y alineamiento con valores esenciales. La espiritualidad nutre la compasión, la gratitud y el deseo de servir, ampliando su percepción de sí y del mundo alrededor. Ese alineamiento fortalece la base para una vida plena, guiando sus elecciones y ofreciendo propósito a sus acciones.

Por fin, la abundancia física se manifiesta en la vitalidad y en la salud del cuerpo. No se trata solo de ausencia de enfermedades, sino de la energía vibrante que permite aprovechar plenamente la vida. Ese estado es construido por medio de una alimentación nutritiva, práctica regular de ejercicios físicos, sueño reparador y autocuidado constante. Así como una planta precisa de suelo fértil, luz y agua para crecer, el cuerpo precisa ser nutrido y cuidado para sustentar los demás aspectos de la abundancia. Cada elección saludable es una inversión que amplía su disposición y bienestar.

La verdadera abundancia, por lo tanto, surge de la armonía entre todas esas dimensiones. Cada aspecto, como una pieza de un rompecabezas, es fundamental para componer una vida plena. Nutrir cada una de esas áreas crea una base sólida para que la prosperidad florezca de manera integral. Esa integración exige una mentalidad ajustada, donde pensamientos positivos, creencias fortalecedoras y una práctica constante de gratitud actúan como fertilizantes para el suelo de la vida. La energía que usted emana, modelada por sus emociones e intenciones, interactúa con el mundo a su alrededor, atrayendo oportunidades alineadas con sus objetivos.

Para que ese ciclo virtuoso de la abundancia se mantenga, es esencial equilibrar acción y espiritualidad. La acción intencional, guiada por un propósito claro y por la determinación, es el canal por donde los deseos se concretizan. Paralelamente, la conexión espiritual nutre la confianza en algo mayor, proporcionando resiliencia e inspiración delante de los desafíos. La integración diaria de esas prácticas crea un flujo continuo de crecimiento, donde cada conquista refuerza la confianza y amplía las posibilidades futuras.

Vivir en abundancia requiere una elección consciente de alineamiento con ese estado. Eso implica una inmersión profunda en el autoconocimiento para identificar deseos genuinos y romper con limitaciones autoimpuestas. Definir metas claras y actuar con propósito son pasos fundamentales, así como cultivar gratitud por lo que ya se conquistó. Cada decisión consciente pavimenta el camino para un ambiente interno y externo propicio a la prosperidad continua, permitiendo que su vida se torne una expresión auténtica de la plenitud que usted merece experimentar.

Al integrar esos pilares en su vida, usted estará creando un ciclo virtuoso de abundancia, donde cada área se fortalece y contribuye para su bienestar integral. La jornada rumbo a la abundancia es una jornada de autodescubrimiento, crecimiento y transformación. Es una invitación para vivir una vida plena, alineada con su verdadera esencia y propósito.

La abundancia es como un río que fluye constantemente, cargando consigo la esencia de la renovación y de la posibilidad infinita. Para que este flujo permanezca ininterrumpido, es necesario permitir que él recorra su curso natural, nutriendo todas las áreas de la vida. Eso involucra aceptar la impermanencia, confiar en los ciclos y abrirse para recibir tanto cuanto para donar. Cuando usted adopta esa postura de apertura y entrega, la abundancia se torna más que un concepto; ella se transforma en una experiencia tangible, un estado de ser que trasciende las limitaciones del pensamiento linear.

Al reconocer la interconexión entre todas las formas de abundancia, usted percibe que prosperar no es una cuestión de acumular, sino de equilibrar. La armonía entre los aspectos materiales, emocionales, mentales, espirituales y físicos crea un campo magnético que atrae oportunidades y realizaciones. Ese equilibrio no es rígido ni fijo; él se ajusta y se renueva constantemente, guiado por su atención e intención. A cada paso que usted da, al alinear sus acciones con sus valores más profundos, usted contribuye para ese movimiento dinámico, fortaleciendo el ciclo virtuoso de la plenitud.

    Vivir en abundancia es un acto de coraje y autenticidad. Es confiar en el camino que se despliega delante de usted, aun cuando no es totalmente visible. Es celebrar las pequeñas victorias, aprender con los desafíos y continuar avanzando con fe. Esa jornada, hecha de elecciones conscientes y alineadas, es la expresión más pura del potencial humano. Cuando usted se conecta con esa energía, no solo transforma su vida, sino también se torna una fuente de inspiración y prosperidad para todos a su alrededor.

Capítulo 2
Pensamientos Positivos

La mente humana no solo interpreta el mundo que la rodea, sino que desempeña un papel activo en la creación de las experiencias que vivimos. Cada pensamiento que emerge en nuestra consciencia es como una pieza de un gran mosaico, moldeando las circunstancias y resultados que experimentamos. En lugar de simplemente reaccionar al entorno, nuestros pensamientos proyectan una energía que interactúa con las posibilidades a nuestro alrededor, alineando eventos, oportunidades e incluso personas con la esencia de lo que nutrimos mentalmente. Este proceso ocurre de forma continua y sutil, evidenciando la importancia de cultivar patrones de pensamiento que favorezcan el crecimiento, la positividad y la prosperidad en nuestras vidas.

La fuerza de nuestros pensamientos puede compararse a semillas lanzadas en un campo fértil. Cada pensamiento cargado de esperanza, optimismo y gratitud es una semilla que, al encontrar un suelo preparado y nutrido, germina y crece, transformándose en experiencias enriquecedoras. Por otro lado, los pensamientos negativos funcionan como hierbas daninhas, que pueden sofocar este proceso natural de crecimiento, limitando las posibilidades y creando barreras que dificultan el florecimiento de la abundancia. Para cultivar un campo mental fértil, es crucial no solo seleccionar los pensamientos que alimentamos, sino también estar atentos a la forma en que los percibimos y resignificamos.

La ciencia moderna, especialmente áreas como la física cuántica, refuerza la idea de que la realidad está íntimamente conectada al observador. Así como la simple observación puede alterar el comportamiento de partículas subatómicas, nuestros pensamientos tienen la capacidad de impactar el mundo físico y las circunstancias a nuestro alrededor. En este sentido, al dirigir nuestra mente hacia frecuencias positivas, creamos una vibración que resuena con aquello que deseamos atraer. El cultivo de la gratitud, la práctica de la visualización y el mantenimiento de un ambiente positivo son pasos concretos que fortalecen este campo energético, permitiendo que la abundancia y el bienestar fluyan naturalmente.

Los pensamientos positivos son como semillas plantadas en un suelo fértil. Ellos germinan, crecen y fructifican, trayendo a tu vida experiencias positivas, oportunidades y relaciones enriquecedoras. Cuando cultivas el optimismo, la esperanza y la gratitud, estás abriendo las puertas para que la abundancia fluya libremente en todas las áreas de tu vida.

El impacto de los pensamientos en la realidad es un fenómeno profundo y transformador. La física cuántica, al revelar que la realidad es un campo de infinitas posibilidades, también nos muestra que el simple acto de observar puede influir en el comportamiento de las partículas subatómicas. Esta constatación científica resuena directamente con el poder de los pensamientos humanos. Cuando diriges tu mente hacia pensamientos positivos, elevas tu vibración energética y te alineas con la frecuencia de la abundancia. Este estado vibracional atrae naturalmente personas, situaciones y oportunidades que reflejan esta misma energía positiva, creando un ciclo continuo de prosperidad y bienestar.

Por otro lado, los pensamientos negativos —como el miedo, la duda y el pesimismo— disminuyen esta vibración, construyendo barreras invisibles que impiden el flujo de la abundancia. Es como si levantaras muros energéticos que bloquean las oportunidades y experiencias enriquecedoras. Esta energía densa crea un ambiente interno que refuerza las limitaciones y obstáculos, haciendo más difícil alcanzar los objetivos deseados. Por lo tanto, comprender este mecanismo es esencial para asumir el control de la propia realidad y transformar la manera en que interactúas con el mundo.

Transformar la mente en un verdadero imán de prosperidad y optimismo es un proceso continuo que exige práctica, disciplina y paciencia. Así como el fortalecimiento de un músculo demanda ejercicios regulares, el desarrollo de pensamientos positivos se consolida con el tiempo y la repetición. Este cambio gradual no solo altera tu perspectiva interna, sino que también influye directamente en tus acciones y las oportunidades que atraes. Existen estrategias eficaces que pueden aplicarse diariamente para cultivar una mentalidad más optimista y constructiva.

El primer paso en esta jornada es la consciencia. Convertirse en observador de tus propios pensamientos a lo largo del día es fundamental. Identificar patrones de negatividad o autosabotaje te permite cuestionar si estos pensamientos están alineados con los resultados que deseas alcanzar. Por ejemplo, al percibir la recurrencia de pensamientos como "esto nunca va a funcionar", es importante reconocerlos sin juicio y, luego, reflexionar sobre su veracidad. Este simple acto de observar y cuestionar es el punto de partida para iniciar una transformación mental.

A continuación, entra en escena la reformulación de estos pensamientos. Este proceso consiste en sustituir ideas negativas por versiones más positivas y empoderadoras. No se trata de negar los desafíos de la vida, sino de enfrentarlos con una mentalidad proactiva y constructiva. Por ejemplo, ante un obstáculo, en lugar de pensar "nunca lo voy a conseguir", puedes decirte a ti mismo: "estoy aprendiendo y evolucionando a cada paso". Este hábito crea nuevos caminos neuronales, haciendo que el pensamiento positivo sea más natural y automático con el tiempo.

Otro recurso poderoso son las afirmaciones positivas. Estas frases, repetidas regularmente, tienen la capacidad de reprogramar la mente subconsciente. Elige afirmaciones que estén alineadas con tus objetivos y deseos más profundos, y repítelas especialmente en los momentos en que la mente está más receptiva, como al despertar o antes de dormir. Algunos ejemplos incluyen: "soy capaz de conquistar mis objetivos", "atraigo prosperidad en todas las áreas de mi vida" o "confío en el flujo natural del universo". La repetición constante de estas declaraciones crea una base sólida para la autoconfianza y la motivación.

La práctica de la gratitud también desempeña un papel esencial en este proceso. Dedicar algunos minutos del día para reflexionar sobre todo lo que ya posees y valoras cambia significativamente tu vibración emocional. Sé agradecido por la salud, por las relaciones, por los logros o incluso por los pequeños momentos de alegría cotidiana. Mantener un diario de gratitud ayuda a consolidar este hábito, dirigiendo el foco hacia lo positivo y alejando la atención de aquello que falta. Este simple ejercicio diario fortalece el sentimiento de plenitud y atrae aún más razones para agradecer.

La visualización creativa es otra técnica poderosa para moldear la realidad deseada. Imagínate viviendo plenamente la vida que anhelas: con salud vibrante, realizaciones profesionales, relaciones armoniosas y prosperidad financiera. Visualiza cada detalle con claridad e involúcrate emocionalmente en estas escenas como si ya fueran parte de tu presente. Esta práctica no solo fortalece la motivación, sino que también condiciona la mente a buscar caminos y soluciones que transformen esos sueños en realidad.

Además de estas prácticas internas, el ambiente externo ejerce gran influencia sobre la mentalidad. Estar rodeado de personas que te inspiran, apoyan e incentivan es esencial para mantener la positividad. Las relaciones saludables y los ambientes armoniosos nutren la mente y el espíritu, reforzando patrones mentales constructivos. De la misma forma, consumir contenidos positivos —como libros de autoconocimiento, charlas motivacionales y películas inspiradoras— contribuye a la elevación de tu energía.

Es igualmente importante tener cuidado con la información que consumes. Las noticias negativas, las discusiones tóxicas y los contenidos que alimentan el miedo drenan energía y minan la positividad. Sustituye estos estímulos por fuentes que ofrezcan conocimiento constructivo e inspiración. Así, creas un campo energético más ligero y receptivo a las buenas oportunidades.

La música y el arte también son herramientas poderosas para influir en el estado emocional. Escuchar música que eleva el espíritu, calma o motiva tiene un impacto inmediato sobre la vibración energética. De la misma forma, expresarse a través del arte —ya sea escribiendo, pintando, bailando o fotografiando— permite canalizar emociones de forma creativa y liberadora, elevando aún más el estado vibracional.

El contacto con la naturaleza es otro aliado valioso. Caminar al aire libre, sentir la brisa en el rostro, observar el amanecer o el atardecer y escuchar el canto de los pájaros son experiencias simples, pero profundamente restauradoras. La naturaleza tiene la capacidad de reconectarnos con el momento presente, disolviendo tensiones y renovando la energía.

Por último, la práctica regular de la meditación es fundamental para cultivar la paz interior y reducir el estrés. La meditación calma la mente, aumenta la autoconsciencia y crea espacio para que los pensamientos positivos florezcan. Comienza dedicando algunos minutos al día a esta práctica, concentrándote en la respiración o en meditaciones guiadas que incentiven la relajación y el optimismo.

Los beneficios de cultivar pensamientos positivos son profundos y abarcan todas las áreas de la vida. El estrés y la ansiedad disminuyen, dando lugar a una sensación de calma y equilibrio. La salud física se fortalece, con mejoras en el sistema inmunológico y en la salud cardiovascular. La creatividad y la capacidad de resolver problemas se expanden, permitiendo soluciones innovadoras para los desafíos diarios. Las relaciones se vuelven más armoniosas y enriquecedoras, y la autoestima crece, promoviendo confianza y autosuficiencia.

Este proceso de transformación no sucede de la noche a la mañana, pero cada paso dado en dirección a una mentalidad más positiva construye una base sólida para una vida más plena. Con disciplina, práctica y paciencia, percibirás que la realidad a tu alrededor comienza a moldearse según la energía que cultivas internamente.

Así, al asumir la responsabilidad por los propios pensamientos y emociones, te conviertes en el arquitecto de tu propia vida. Cada pensamiento positivo es una semilla plantada con intención y cuidado, lista para florecer y transformar tu realidad. Este poder de moldear la propia existencia siempre ha estado en tus manos —basta con elegir usarlo con sabiduría y propósito.

La transformación de nuestra realidad a través del pensamiento positivo es un reflejo del poder inherente a la mente humana, una fuerza creadora que transciende la mera observación. Este fenómeno no ocurre de forma instantánea o mágica, sino como resultado de un proceso continuo de alineación entre intención, creencia y acción. Así, el verdadero cambio comienza en la percepción interna, donde cada pensamiento plantado con propósito y cuidado crea raíces que se expanden para influir en los eventos externos. Con esto, nuestra vida pasa a ser una expresión genuina de la energía que cultivamos.

Cuando aceptamos el papel activo que desempeñamos en la construcción de nuestras experiencias, también asumimos la responsabilidad de elegir pensamientos que promuevan crecimiento y armonía. Este trabajo interno puede parecer desafiante al principio, pero los frutos son innegables. Al concentrarnos en patrones mentales constructivos, creamos un flujo natural de oportunidades y sincronicidades que confirman y refuerzan las vibraciones que emitimos. Cada pequeño ajuste en nuestra mentalidad contribuye a la construcción de un campo energético más coherente y alineado con nuestros deseos más profundos.

La jornada hacia una vida de abundancia no depende solo de pensamientos positivos, sino de una práctica constante que integra intención, acción y gratitud. Al dedicarnos a esta disciplina mental, nos damos cuenta de que los cambios que buscamos en el mundo exterior comienzan dentro de nosotros mismos. Con el tiempo, la sinergia entre nuestras intenciones y los eventos a nuestro alrededor transforma la percepción de nuestras limitaciones en un horizonte de posibilidades infinitas, cerrando el capítulo con la certeza de que el poder de moldear nuestra realidad está, y siempre estuvo, en nuestras propias manos.

Capítulo 3
Afirmaciones Poderosas

Las palabras ejercen una influencia directa y significativa en la construcción de la realidad personal. Al elegir conscientemente declaraciones positivas y fortalecedoras, es posible dirigir la mente hacia la conquista de objetivos y la superación de desafíos. Las afirmaciones son herramientas poderosas que actúan como catalizadoras de cambios internos, creando un ambiente mental propicio para el desarrollo de la autoconfianza, la motivación y la claridad de propósito. Cuando se incorporan con intención y consistencia, moldean pensamientos, comportamientos y emociones, promoviendo una transformación profunda y duradera. Este proceso involucra la sustitución de creencias limitantes por ideas constructivas, capaces de impulsar la realización de metas y el fortalecimiento de la autopercepción.

La práctica constante de afirmaciones fortalece las conexiones neuronales responsables de hábitos positivos y patrones mentales productivos. Cada frase afirmada con convicción actúa como una semilla que, cultivada con persistencia, florece en actitudes coherentes con los objetivos deseados. Así, el uso consciente de las palabras se convierte en una estrategia poderosa para realinear la mente y el comportamiento, conduciendo a resultados concretos en diversas áreas de la vida. Esta transformación no sucede de forma instantánea, sino gradualmente, a través de un proceso continuo de repetición, reflexión y vivencia de las afirmaciones, que solidifica nuevas creencias y comportamientos alineados con el crecimiento personal.

Con el tiempo, las afirmaciones dejan de ser meras palabras y pasan a integrar la identidad de quien las practica, influenciando positivamente las decisiones, relaciones y oportunidades. La mente se adapta a las nuevas ideas y comienza a operar de manera más asertiva y optimista, abriendo camino para una vida más equilibrada, abundante y significativa. Este compromiso diario con pensamientos positivos no solo fortalece la resiliencia frente a los desafíos, sino que también crea un ciclo virtuoso de autoconfianza, foco y realización. Así, adoptar afirmaciones poderosas como parte de la rutina es un paso fundamental para alcanzar una transformación completa y sustentable.

Imagina tu mente como un jardín. Si plantas semillas de hierbas daninhas, crecerán y sofocarán las flores. De la misma manera, si alimentas tu mente con pensamientos negativos y creencias limitantes, se enraizarán y bloquearán el flujo de la abundancia. Las afirmaciones son como semillas de flores vibrantes y perfumadas que, cuando se plantan y cultivan con cuidado, transforman tu jardín mental en un oasis de positividad y prosperidad.

La mente subconsciente funciona como un vasto programa que regula pensamientos, emociones y comportamientos, influenciando directamente la forma en que vivimos la realidad. Responsable por gran parte de las decisiones automáticas que tomamos, almacena creencias profundas que orientan nuestras acciones diarias. Las afirmaciones poderosas actúan justamente en este nivel oculto, reprogramando patrones limitantes y sustituyéndolos por pensamientos positivos y fortalecedores. Este proceso es similar a actualizar un sistema operativo interno: cada palabra afirmada con convicción instala nuevas ideas, moldeando gradualmente la percepción que tenemos de nosotros mismos y del mundo.

Al repetir afirmaciones cargadas de intención y emoción, creamos nuevas conexiones neuronales. Esto refuerza caminos mentales positivos que influyen en actitudes, decisiones e incluso la forma en que enfrentamos desafíos. Esta repetición no es solo una formalidad, sino una práctica que, con el tiempo, transforma creencias negativas en autoconfianza y motivación. La mente pasa a operar en una frecuencia más elevada, sintonizada con objetivos de crecimiento, superación y realización.

Para que las afirmaciones sean verdaderamente eficaces, su formulación debe seguir algunos principios fundamentales. En primer lugar, deben ser positivas. La mente no procesa bien las negaciones, por lo que frases como "no quiero fracasar más" son menos eficaces que "soy capaz de alcanzar mis objetivos". Al afirmar lo que deseas conquistar, diriges tu energía hacia resultados concretos y constructivos.

La construcción de las afirmaciones en tiempo presente es igualmente importante. Decir "seré exitoso" proyecta el deseo a un futuro indefinido, mientras que "soy exitoso" crea una conexión inmediata con esa realidad, haciendo que el cerebro reconozca este estado como algo ya existente. Este simple detalle refuerza la idea de que el cambio ya está en marcha.

La especificidad es otro pilar esencial. Las afirmaciones vagas tienden a tener un impacto limitado porque no ofrecen un foco claro para la mente subconsciente. Al detallar exactamente lo que deseas, facilitas la visualización y la concretización de tus objetivos. Por ejemplo, afirmar "prospero financieramente con mi trabajo creativo" es más poderoso que simplemente decir "quiero ser rico".

El uso de la primera persona fortalece la conexión con la afirmación. Las frases que comienzan con "yo soy" o "yo tengo" crean un vínculo directo entre lo que se afirma y quien eres. Esto refuerza la responsabilidad personal por la propia transformación y aumenta la autenticidad de la declaración. Este vínculo personal despierta el compromiso con el proceso de cambio.

Además, cargar las afirmaciones con emoción intensa potencializa sus efectos. Sentir genuinamente lo que se está afirmando —alegría, gratitud o entusiasmo— amplía la conexión entre la mente consciente y el subconsciente. Este involucramiento emocional hace que la mente registre la afirmación como algo real y urgente, acelerando su manifestación.

Ejemplos prácticos de afirmaciones poderosas pueden incorporarse para trabajar diversas áreas de la vida. En el campo de la prosperidad, por ejemplo, afirmar "Soy un imán para la prosperidad y la abundancia. El dinero fluye hacia mí con facilidad y alegría" activa una mentalidad de abundancia y abre espacio para oportunidades financieras. Para la salud, la frase "Mi cuerpo es saludable, fuerte y lleno de vitalidad. Me cuido con amor y respeto" fortalece el compromiso con el autocuidado y el bienestar físico.

Las relaciones también pueden ser nutridas por afirmaciones como "Atraigo relaciones amorosas y saludables. Soy amado(a) y valorado(a) por quien soy". Esta frase refuerza el valor personal y la creencia de que las conexiones afectivas positivas son posibles y merecidas. En el campo de la autoestima, declaraciones como "Me amo y me acepto completamente. Soy digno(a) de amor, felicidad y éxito" ayudan a construir una base sólida de autovaloración y confianza.

Para aplicar estas afirmaciones en el día a día de forma eficaz, se pueden incorporar algunos hábitos simples. Elegir afirmaciones alineadas con tus objetivos reales es el primer paso. No sirve de nada repetir frases que no resuenan con tus necesidades y deseos. Necesitan tener un significado verdadero y representar aspiraciones genuinas.

La repetición consistente también es esencial. Reservar momentos específicos del día, como al despertar y antes de dormir, para afirmar tus declaraciones refuerza el mensaje en la mente subconsciente. Este hábito crea un ritmo constante de reprogramación mental.

Escribir las afirmaciones y mantenerlas cerca es una estrategia poderosa. Anotar frases en tarjetas y colocarlas en lugares visibles —como en el espejo, en la mesa de trabajo o en la puerta del refrigerador— sirve como recordatorio constante de aquello que estás cultivando. Este contacto visual frecuente refuerza el mensaje y mantiene el foco en los objetivos.

La visualización detallada potencializa aún más el impacto de las afirmaciones. Al repetir cada frase, imagina con claridad la realización de lo que se está afirmando. Involucra todos los sentidos en esta visualización: siente, ve, oye e incluso imagina los aromas o texturas asociados a tu objetivo. Esta vivencia mental acerca la realidad deseada.

Otra práctica eficaz es el uso de espejos. Mirar directamente a los propios ojos mientras afirmas tus deseos fortalece la conexión con el subconsciente y aumenta la credibilidad de las palabras. Este ejercicio diario, aunque simple, tiene un impacto profundo en la autoconfianza.

Grabar las afirmaciones con la propia voz y escucharlas en momentos de relajación también es una excelente forma de reforzar tus mensajes internos. La familiaridad de la propia voz aumenta la autenticidad de la afirmación y facilita la absorción por el subconsciente.

Además, la creación de un tablero de visualización con imágenes, palabras y símbolos que representen tus objetivos puede ser un estímulo poderoso. Integrar afirmaciones a este tablero refuerza la conexión emocional y mental con los deseos, haciéndolos más tangibles.

Incorporar las afirmaciones a la meditación amplía aún más sus efectos. En un estado de relajación profundo, el subconsciente está más receptivo, facilitando la integración de las nuevas creencias. Repetir afirmaciones durante la meditación crea un ambiente interno propicio para la transformación.

Este proceso de afirmación continua y comprometida no resulta en cambios instantáneos, sino que construye gradualmente una mentalidad más fuerte, resiliente y confiada. Cada repetición solidifica nuevas creencias e impulsa comportamientos alineados con los objetivos personales. La transformación ocurre de dentro hacia afuera, reflejándose en las actitudes, decisiones y oportunidades que surgen.

Al integrar afirmaciones poderosas en la rutina diaria, se crea un ciclo virtuoso de autoconfianza, foco y realización. Cada pequeña conquista refuerza la creencia de que las metas mayores también son alcanzables. Con paciencia, dedicación y autenticidad, este compromiso diario se traduce en resultados concretos y duraderos.

Así, las afirmaciones dejan de ser solo palabras para convertirse en un reflejo de la identidad que se está construyendo. Pasan a orientar pensamientos, emociones y comportamientos, moldeando una nueva realidad, más abundante, equilibrada y alineada con tus verdaderos propósitos. Con cada frase afirmada con convicción, se planta una semilla de transformación —y, con cuidado y persistencia, florece en conquistas reales.

Las afirmaciones poderosas no son solo palabras sueltas, sino instrumentos de transformación profunda cuando se alinean con la intención genuina y la práctica constante. Incorporarlas en lo cotidiano es un proceso de autoconocimiento y autodesarrollo que fortalece la mente y el espíritu. Con el tiempo, estas declaraciones positivas pasan a reflejar no solo pensamientos, sino actitudes y comportamientos que moldean una nueva realidad, más alineada con los deseos y propósitos personales. Es en este proceso continuo de afirmación y acción que ocurre el verdadero cambio, solidificando una mentalidad de crecimiento y realización.

Al permitir que las afirmaciones se conviertan en parte de la rutina, cada pequeña conquista refuerza la confianza de que es posible alcanzar objetivos mayores. Este ciclo positivo alimenta la motivación y crea una base sólida para enfrentar desafíos con resiliencia y claridad. La transformación sucede gradualmente, pero de forma consistente, conduciendo a una vida más plena, equilibrada y llena de significado. Las afirmaciones dejan de ser meras palabras y pasan a ser el reflejo de una nueva identidad, fortalecida por creencias que impulsan el crecimiento y la superación.

Así, cultivar afirmaciones poderosas es un compromiso diario con el propio bienestar y éxito. La jornada exige paciencia, dedicación y autenticidad, pero la recompensa es inconmensurable. Cada frase afirmada con convicción es una semilla plantada que, con cuidado y persistencia, florece en conquistas reales. Este proceso continuo no solo transforma la mente, sino que también abre puertas a oportunidades, conexiones y experiencias que reflejan la abundancia y el equilibrio buscados.

Capítulo 4
Visualización Creativa

La visualización creativa es un proceso mental eficaz que dirige pensamientos y emociones hacia la concretización de metas y sueños. Esta práctica implica la construcción de imágenes mentales detalladas de situaciones deseadas, promoviendo una conexión profunda entre mente y cuerpo. Al crear escenas claras y envolventes, la mente se adapta a la nueva realidad proyectada, despertando reacciones emocionales y comportamentales que favorecen la realización de objetivos. Este enfoque no es solo una técnica abstracta, sino un mecanismo comprobado que influye directamente en el comportamiento y las decisiones, ampliando las posibilidades de éxito personal y profesional.

Al cultivar imágenes mentales ricas en detalles y emociones, se produce una alineación entre los pensamientos y las acciones, creando un estado mental propicio para identificar oportunidades y superar desafíos. Este proceso implica más que simplemente pensar de forma positiva; se trata de incorporar mentalmente cada paso necesario para alcanzar resultados concretos. La mente, al ser entrenada con constancia, pasa a reconocer caminos posibles y desarrolla una postura más confiada y motivada. Esta alineación interna facilita la superación de obstáculos y promueve la persistencia ante las dificultades.

Con la práctica regular de la visualización creativa, es posible establecer un ciclo continuo de motivación y acción. La claridad mental generada permite que las decisiones sean tomadas con mayor asertividad, mientras que la conexión emocional con el objetivo mantiene el foco y la determinación elevados. Esta integración armoniosa entre pensamiento, emoción y comportamiento fortalece la capacidad de transformar deseos en realidad, contribuyendo a una jornada de crecimiento personal más consistente y satisfactoria.

Imagina un atleta olímpico preparándose para una competición. No solo entrena físicamente, sino que también visualiza cada movimiento, cada etapa de la carrera, sintiendo la emoción de la victoria incluso antes de entrar en la pista. De la misma manera, la visualización creativa te permite "entrenar" tu mente para el éxito, creando un mapa mental detallado del camino que te llevará a la realización de tus sueños.

El poder de la visualización creativa reside en la capacidad de transformar pensamientos en realidad. Cuando imaginas vívidamente tus objetivos siendo alcanzados, tu mente reacciona como si estuviera realmente viviendo esa experiencia. Este fenómeno ocurre porque el cerebro no distingue lo que es real de lo que es intensamente imaginado. Así, al crear imágenes mentales claras y cargadas de emoción, activas procesos neurológicos y fisiológicos que alinean tus pensamientos, emociones y comportamientos con tus metas. Esta alineación crea un camino mental que direcciona tus acciones y decisiones, haciendo que la realización de tus deseos sea algo tangible.

A nivel mental, la visualización ayuda a construir un guion interno detallado, organizando ideas y estrategias. Esto permite tomar decisiones más asertivas y vislumbrar oportunidades que antes pasaban desapercibidas. La claridad mental obtenida con esta práctica elimina dudas y refuerza el foco, facilitando la superación de obstáculos y la persistencia ante los desafíos. Visualizar no es solo imaginar un resultado final, sino también integrar cada paso necesario para concretarlo.

En el campo emocional, la visualización creativa despierta sentimientos positivos como entusiasmo, alegría y gratitud. Estas emociones son fundamentales para mantener la motivación elevada, pues refuerzan la confianza en las propias capacidades y mantienen el entusiasmo a lo largo de la jornada. Cuando sientes como si ya hubieras alcanzado tu objetivo, la emoción generada intensifica el compromiso con tus metas y acelera el proceso de manifestación.

Físicamente, el cuerpo también responde a las imágenes mentales creadas. Visualizar situaciones positivas estimula la liberación de hormonas del bienestar, como endorfinas, dopamina y serotonina. Estos neurotransmisores promueven la relajación, reducen el estrés y aumentan la disposición física, preparando al cuerpo para actuar con energía y resistencia. El cuerpo, en armonía con la mente, se convierte en un instrumento más eficiente para la concretización de los objetivos.

En el nivel energético, la visualización ajusta la frecuencia vibracional de tu energía personal. Cuando te sintonizas con la vibración de lo que deseas atraer, tu energía se alinea con las oportunidades y circunstancias necesarias para la realización de tus metas. Este estado vibracional facilita la conexión con personas, situaciones y recursos que contribuyen a la concretización de tus sueños, creando sincronicidades y abriendo nuevos caminos.

Para que la visualización creativa sea eficaz, es fundamental que se realice con detalles vívidos. Imagina cada aspecto de la escena deseada con claridad, involucrando todos los sentidos. Visualiza los colores, siente los aromas, escucha los sonidos y percibe las texturas. Cuanto más realista sea esta imagen mental, más profundo será el impacto en el subconsciente. Esta riqueza de detalles transforma la visualización en una experiencia completa, reforzando el compromiso con la realización del objetivo.

Además de los detalles, la intensidad emocional es crucial. Conéctate profundamente con las emociones positivas que acompañan la conquista de tu objetivo. Siente la alegría, el alivio, la satisfacción y el orgullo como si todo ya estuviera sucediendo. Estas emociones no solo intensifican la experiencia, sino que también potencian el impacto de la visualización, acelerando el proceso de realización.

Mantener el foco exclusivamente en lo que deseas alcanzar es otro elemento esencial. Sustituye pensamientos de duda o miedo por imágenes positivas e inspiradoras. Dirigir tu atención hacia los resultados deseados ayuda a mantener la mente alineada con tus metas, impidiendo distracciones que puedan minar la confianza.

Es importante que las metas visualizadas sean ambiciosas, pero alcanzables. Visualizar objetivos realistas, pero desafiantes, crea un equilibrio entre inspiración y credibilidad. Este equilibrio aumenta la motivación y evita la frustración, manteniendo el entusiasmo y la persistencia.

La práctica constante es la clave para fortalecer la visualización. Transforma este ejercicio en un hábito diario. Dedica algunos minutos al día para visualizar tus objetivos con intensidad. Cuanto más repitas este proceso, más fuerte y nítida será la imagen mental, reforzando tu conexión con lo que deseas manifestar.

Para iniciar la práctica de la visualización creativa, sigue un paso a paso simple y eficaz. Empieza definiendo con claridad lo que deseas conquistar. Cuanto más específico sea tu objetivo, más fácil será construir una imagen mental vívida. A continuación, elige un ambiente tranquilo, donde puedas concentrarte sin interrupciones. Cierra los ojos, respira profundamente y permítete relajar, dejando tu cuerpo ligero y la mente en calma.

Con la mente tranquila, comienza a construir la escena deseada con riqueza de detalles. Imagínate viviendo plenamente la realización de tu objetivo. Visualiza los colores, los sonidos, los aromas y las sensaciones físicas de esta experiencia. Siente las emociones positivas asociadas a esta conquista. Experimenta la gratitud anticipada, como si ya estuvieras disfrutando de lo que visualizas. Este sentimiento eleva tu vibración energética y fortalece la creencia de que el objetivo ya forma parte de tu realidad.

Practica esta visualización diariamente. Reserva momentos específicos de tu día, como al despertar o antes de dormir, para reforzar la imagen mental. La repetición continua profundiza el impacto en el subconsciente y mantiene el foco firme en tus objetivos.

Algunos ejemplos de visualizaciones pueden ayudar a guiar tu práctica. Para atraer prosperidad, imagínate recibiendo una cantidad significativa de dinero. Siente la alegría, la gratitud y la seguridad que esta abundancia financiera proporciona. Visualízate utilizando este recurso para concretar sueños y ayudar a otras personas. Para la salud, imagina tu cuerpo lleno de energía, ligero y saludable. Siente la vitalidad pulsando en cada célula, percibe la libertad de moverte con facilidad y disfruta del bienestar físico.

En las relaciones, visualízate rodeado de personas amorosas, respetuosas y que comparten momentos felices contigo. Siente el cariño, la conexión emocional y la complicidad fluyendo naturalmente. Para la carrera, imagínate ocupando el puesto de tus sueños, siendo reconocido por tu talento y dedicación. Siente la satisfacción de realizar un trabajo significativo y el entusiasmo por crecer profesionalmente.

Para potenciar la visualización, utiliza herramientas complementarias. Crea un tablero de visualización con imágenes, palabras y símbolos que representen tus objetivos. Coloca este tablero en un lugar visible para reforzar diariamente tus intenciones. Asocia afirmaciones positivas a tu visualización, declarando con confianza que tus logros ya son reales. Escucha música que despierte emociones positivas e inspire la conexión con tus objetivos. Practica la visualización antes de dormir, cuando la mente subconsciente está más receptiva.

La visualización creativa, cuando se incorpora de forma consistente, se convierte en una herramienta poderosa de transformación. No solo dirige la mente hacia objetivos claros, sino que también reprograma creencias limitantes, reemplazándolas por pensamientos fortalecedores. Al persistir en esta práctica, alineas tus deseos con tus acciones, creando una base sólida para alcanzar metas. La combinación de imaginación vívida y acción consistente fortalece la disciplina, mantiene la motivación y abre caminos para resultados concretos.

Con el tiempo, la visualización creativa promueve una transformación interna profunda. Cada pensamiento visualizado con claridad y emoción se convierte en un paso firme hacia tus objetivos. Cultivar este hábito te acerca a la realización de tus sueños y revela tu potencial ilimitado, conduciendo a una vida más plena, abundante y realizada.

La visualización creativa, cuando se incorpora de forma consistente al día a día, se transforma en una herramienta poderosa de autodesarrollo. Este proceso no solo dirige la mente hacia objetivos específicos, sino que también reconfigura creencias limitantes, reemplazándolas por pensamientos fortalecedores. Al persistir en esta práctica, la mente comienza a operar en sintonía con las intenciones más profundas, creando una base sólida para acciones coherentes y eficaces. Esta conexión continua entre intención y comportamiento amplía la autoconfianza y alimenta un ciclo positivo de conquistas progresivas.

Además, la visualización creativa puede integrarse a otras prácticas de desarrollo personal, como la meditación, la escritura de objetivos y la definición de metas mensurables. Esta combinación potencia los efectos de la visualización, permitiendo que cada imagen mental gane más fuerza y claridad. Así, la persona no solo sueña, sino que también estructura caminos concretos para transformar esos sueños en realidad. Este equilibrio entre imaginación y acción fortalece la disciplina y mantiene la motivación elevada, incluso ante desafíos inesperados.

A lo largo del tiempo, la práctica constante de la visualización creativa promueve una profunda transformación interior, alineando deseos con comportamientos y creando oportunidades antes invisibles. Cada pensamiento visualizado con claridad y emoción se convierte en un paso firme en dirección a los objetivos trazados. De esta manera, cultivar este hábito no solo te acerca a la realización de tus sueños, sino que también despierta una nueva percepción sobre tu potencial ilimitado, conduciendo a una vida más plena y realizada.

Capítulo 5
La Ley de la Atracción

La Ley de la Atracción opera de manera continua y directa en todos los aspectos de la vida, influenciando la realidad de cada individuo conforme sus pensamientos, emociones y creencias. Al reconocer que todo en el universo es energía en movimiento, se vuelve evidente que cada idea y sentimiento que se manifiesta dentro de nosotros lleva una vibración capaz de interactuar con el entorno. Esta interacción constante moldea las experiencias diarias, atrayendo situaciones y oportunidades que reflejan el patrón energético predominante. Así, cultivar pensamientos positivos, sentimientos elevados y creencias fortalecedoras no es solo un ejercicio mental, sino una forma concreta de dirigir la propia vida hacia caminos más armoniosos y prósperos.

Comprender profundamente este principio permite un cambio de perspectiva, donde cada individuo pasa a ser responsable de cocrear su realidad de manera consciente. Esto significa que, al alinear intenciones claras con acciones consistentes, es posible transformar deseos en experiencias tangibles. A partir de este entendimiento, surge la oportunidad de utilizar el poder personal para atraer prosperidad, salud, amor y realizaciones en diversas áreas. Este proceso exige no solo el cambio de pensamientos, sino también el cultivo de emociones positivas y la eliminación de creencias limitantes que puedan bloquear el flujo natural de la abundancia.

Al asumir el papel activo en la creación de la propia realidad, cada elección se convierte en una herramienta poderosa para manifestar resultados deseados. Desarrollar el hábito de enfocar la atención en lo que se desea, manteniendo una vibración elevada por medio de la gratitud, la visualización y acciones alineadas, establece una conexión directa con las oportunidades adecuadas. De esta forma, la vida se transforma en un reflejo de las intenciones conscientes, permitiendo vivenciar experiencias que realmente corresponden a los deseos más profundos, creando un ciclo continuo de crecimiento, realización y plenitud.

Imagina el universo como un vasto océano de energía, donde cada gota vibra en una frecuencia específica. Tus pensamientos y emociones son como ondas que se propagan en este océano, atrayendo hacia sí otras ondas de frecuencia similar. Si emanas vibraciones de alegría, gratitud y prosperidad, atraerás a tu vida experiencias que resuenan con esa misma frecuencia, creando un ciclo virtuoso de abundancia.

La Ley de la Atracción es una fuerza universal que actúa continuamente, moldeando la realidad de cada individuo de acuerdo con sus pensamientos, emociones y creencias. Todo en el universo está compuesto por energía en constante movimiento, y esta energía responde directamente a la vibración que emitimos. Cada pensamiento y emoción funciona como una frecuencia que se propaga e interactúa con el ambiente que nos rodea, atrayendo circunstancias, personas y oportunidades que vibran en la misma sintonía. Así, al cultivar pensamientos positivos, emociones elevadas y creencias fortalecedoras, estamos, en la práctica, dirigiendo nuestra vida hacia caminos más prósperos y armoniosos.

Comprender este principio transforma la manera en que vemos nuestras experiencias. Dejamos de ser víctimas del azar y asumimos el papel de cocreadores de nuestra realidad. Este entendimiento revela que los pensamientos y emociones no son solo estados internos pasajeros, sino fuerzas creativas que moldean lo que vivimos. Cuando alineamos nuestros deseos con acciones consistentes y emociones positivas, nos conectamos directamente con el flujo natural de la abundancia. Este proceso exige vigilancia sobre las creencias limitantes que puedan bloquear este flujo y la disposición para reemplazarlas por ideas que favorezcan el crecimiento.

Asumir el control de la propia realidad es una elección poderosa. Cada decisión, por pequeña que parezca, es una semilla plantada en el terreno fértil de la mente. Enfocar la atención en lo que se desea, manteniendo una vibración elevada a través de la gratitud, la visualización y acciones alineadas, crea una conexión energética con las oportunidades que favorecen la realización de esos deseos. Así, la vida se convierte en un reflejo de las intenciones que elegimos nutrir, creando un ciclo continuo de crecimiento y realización.

Imagina el universo como un inmenso campo vibracional, donde todo está interconectado por frecuencias energéticas. Nuestros pensamientos y emociones son ondas que se propagan en este campo, atrayendo hacia nosotros todo lo que vibra de forma similar. Si emanamos sentimientos de alegría, gratitud y amor, sintonizamos con experiencias positivas y oportunidades que refuerzan esos estados. De la misma manera, si mantenemos pensamientos de miedo o escasez, atraemos situaciones que reflejan esas vibraciones.

Para aplicar la Ley de la Atracción de forma eficaz, es esencial comprender sus principios fundamentales. El primero de ellos es que todo es energía. Cada pensamiento, emoción y creencia que mantenemos es una forma de energía que interactúa con el universo. Cuando percibimos que nuestras ideas tienen poder creativo, podemos conscientemente elegir pensamientos que estén alineados con los resultados que deseamos manifestar.

El segundo principio es que semejante atrae a semejante. La energía que emites actúa como un imán, atrayendo circunstancias que están en la misma frecuencia. Pensamientos positivos y emociones elevadas crean un campo energético favorable a la manifestación de experiencias positivas. Por otro lado, los pensamientos negativos atraen desafíos y obstáculos. Por eso, cultivar una mentalidad positiva es esencial para atraer una realidad próspera.

Otro aspecto central es reconocer que eres un cocreador de tu realidad. Cada elección, pensamiento y sentimiento influye directamente en lo que experimentas. Al actuar con consciencia e intención, asumes el control sobre el flujo de energía que moldea tu vida. Esto significa que la responsabilidad por los resultados está en tus manos, pero también el poder de transformar cualquier situación.

La vibración y la frecuencia con la que operas son determinantes. Prácticas como la meditación, la gratitud y la visualización creativa ayudan a elevar tu vibración, alineando tu energía con la frecuencia de la abundancia. Cuanto más mantengas esta vibración elevada, más fácil será atraer experiencias positivas.

El foco y la atención son herramientas poderosas. Donde concentras tu atención, tu energía fluye. Si dedicas tu foco a tus objetivos con claridad y consistencia, creas un campo energético que facilita la realización de esos deseos. Distracciones o pensamientos dispersos debilitan este campo, mientras que la atención dirigida lo fortalece.

Para poner estos principios en práctica, comienza definiendo claramente lo que deseas. La claridad de intención es esencial para canalizar tu energía de forma eficaz. Sé específico y detallado en tus objetivos. Visualiza tus deseos con riqueza de detalles, imagínate viviendo esa realidad e involúcrate emocionalmente con esa experiencia. Siente la alegría, la gratitud y la satisfacción de ya haber alcanzado lo que deseas.

Las afirmaciones positivas son herramientas valiosas para reprogramar el subconsciente. Declara con convicción frases que refuercen tus objetivos, como "Soy merecedor de prosperidad y éxito" o "Estoy abierto a recibir amor y abundancia en mi vida". La repetición diaria de estas afirmaciones fortalece la creencia de que tus deseos son posibles y están cerca de realizarse.

La acción es un componente indispensable de la Ley de la Atracción. Pensar y sentir positivamente son fundamentales, pero es a través de acciones consistentes e intencionales que las oportunidades se concretan. Muévete hacia tus sueños, toma decisiones alineadas con tus objetivos y aprovecha las oportunidades que surgen.

La gratitud es una práctica que amplifica la vibración positiva. Agradece por todo lo que ya tienes y por lo que está en camino. Este estado de apreciación eleva tu frecuencia energética, abriendo espacio para recibir aún más. La gratitud transforma la percepción de la realidad, haciéndola más ligera y abundante.

Libera resistencias internas. Creencias limitantes, miedos y dudas bloquean el flujo de la abundancia. Identifica estos bloqueos y trabaja para disolverlos, ya sea a través del autoconocimiento, terapias o técnicas como el Ho'oponopono. Al liberar estas barreras, permites que la energía fluya libremente, facilitando la manifestación de tus deseos.

Confía en el proceso. Desarrolla la confianza de que el universo está conspirando a tu favor. No siempre los resultados aparecen de forma inmediata, pero mantener la fe y la paciencia es fundamental. Esta confianza plena mantiene tu vibración elevada y fortalece tu conexión con el flujo natural de la vida.

Para ejemplificar la aplicación práctica de la Ley de la Atracción, piensa en manifestar prosperidad. Visualízate recibiendo dinero con facilidad, pagando tus cuentas con tranquilidad e invirtiendo en proyectos personales. Siente la seguridad y la libertad financiera. Al mismo tiempo, adopta hábitos que sustenten esta mentalidad de abundancia, como la planificación financiera y el desarrollo de nuevas habilidades.

En el campo de las relaciones, imagínate compartiendo momentos felices con una pareja amorosa y respetuoso. Siéntete amado y valorizado. Paralelamente, desarrolla el amor propio, participa en ambientes sociales y mantente abierto a nuevas conexiones. Este equilibrio entre deseo y acción crea el ambiente ideal para atraer una relación sana.

Para la salud, visualízate con energía y vitalidad. Siente tu cuerpo ligero y equilibrado. Adopta hábitos saludables, como una alimentación equilibrada, ejercicio físico y prácticas de relajación. Este compromiso con el bienestar fortalece tu vibración y atrae salud plena.

Al integrar estos principios a tu día a día, comienzan a ocurrir cambios sutiles. Coincidencias, oportunidades y encuentros significativos surgen como reflejos de tu alineación energética. Con cada logro, tu confianza en el poder de la mente y las emociones se fortalece, incentivando la continuidad de esta práctica.

Con el tiempo, la Ley de la Atracción se convierte en algo más que una técnica: se integra a tu forma de ser. Los obstáculos se enfrentan como aprendizajes, y la vida fluye de forma más ligera y abundante. Este proceso continuo de autoconocimiento y acción consciente revela el potencial ilimitado de cada persona para crear una realidad plena y significativa. Al asumir la responsabilidad de tu propia vida, descubres que la verdadera transformación comienza dentro de ti, y que el universo responde a cada pensamiento, emoción y acción con infinitas posibilidades.

Al integrar estos principios en la vida cotidiana, es posible percibir cambios sutiles, pero profundos, en las experiencias diarias. Pequeñas señales, coincidencias y oportunidades comienzan a surgir, confirmando que la alineación energética está en armonía con los deseos cultivados. Este proceso refuerza la confianza en el poder de la mente y las emociones, incentivando una práctica constante de pensamientos positivos y acciones conscientes. Con cada logro, incluso si es modesto, se consolida la comprensión de que somos coautores de nuestra propia historia, guiándola con intención y propósito.

Con el tiempo, este nuevo patrón de pensamiento se vuelve natural, transformando los desafíos en oportunidades de crecimiento y aprendizaje. Obstáculos que antes parecían insuperables pasan a ser vistos como peldaños para la evolución personal. Esta mirada positiva no niega la existencia de dificultades, pero permite afrontarlas con resiliencia y sabiduría, confiando en que cada experiencia contribuye al desarrollo y la realización de los sueños. Así, la Ley de la Atracción se revela no solo como una herramienta de conquista, sino como un camino de autoconocimiento y expansión de la conciencia.

Por lo tanto, abrazar la responsabilidad por tu propia realidad es también una invitación a la transformación interna. Al cultivar pensamientos y sentimientos alineados con tus deseos, actuar con determinación y mantener la fe en el proceso, creas las condiciones ideales para que la vida fluya de manera más ligera y abundante. Este camino de manifestación consciente conduce no solo a la realización de metas, sino también a una existencia más plena, equilibrada y en sintonía con el universo.

Capítulo 6
Eliminando Creencias Limitantes

Las creencias limitantes representan barreras mentales profundas que influyen directamente en los pensamientos, comportamientos y decisiones, restringiendo el potencial de crecimiento y prosperidad. Son patrones de pensamiento negativos, a menudo arraigados desde la infancia o adquiridos por experiencias pasadas e influencias externas, que moldean la forma en que la persona se percibe a sí misma, al mundo y a sus posibilidades. Estas ideas auto-saboteadoras dificultan la realización de objetivos e impiden el desarrollo pleno, creando una sensación constante de incapacidad y limitación. Reconocer la existencia de estas creencias es el primer paso fundamental para transformar la mentalidad y abrir camino hacia una vida más abundante y realizada.

Superar estas creencias exige un abordaje consciente y estratégico. Es esencial observar atentamente los pensamientos recurrentes, patrones de comportamiento y reacciones emocionales ante desafíos y oportunidades. El análisis crítico de estos aspectos permite identificar qué ideas están limitando el progreso personal y profesional. Cuestionar la veracidad de estas creencias, confrontándolas con experiencias positivas y evidencias concretas, facilita la deconstrucción de conceptos distorsionados. A partir de este proceso, es posible sustituir pensamientos negativos por afirmaciones positivas y constructivas, que refuerzan la autoconfianza e incentivan la búsqueda de nuevas conquistas. Este cambio de perspectiva es esencial para romper con las limitaciones internas y abrir espacio para el crecimiento.

Adoptar prácticas que ayuden en la reprogramación mental, como afirmaciones diarias, visualizaciones y técnicas de autoconocimiento, fortalece la capacidad de resignificar las creencias limitantes. Métodos como la Programación Neurolingüística (PNL), el Ho'oponopono y la Emotional Freedom Techniques (EFT) son herramientas eficaces para modificar patrones mentales y emocionales, promoviendo una mentalidad más positiva y abierta a las oportunidades. Además, buscar apoyo profesional, como terapia o coaching, puede profundizar el proceso de autoconocimiento y acelerar la superación de estas barreras. Al integrar estas estrategias, es posible desarrollar una mentalidad alineada con el éxito, permitiendo que la abundancia fluya libremente y que los objetivos se alcancen con mayor facilidad y confianza.

Imagine un pájaro preso en una jaula. Sus alas son fuertes, listas para volar grandes distancias, pero los límites de su prisión le impiden explorar el cielo abierto. Así funcionan las creencias limitantes: son rejas invisibles que restringen la capacidad de alcanzar sueños y vivir plenamente. Aunque el potencial para el éxito y la realización esté presente, estas barreras mentales mantienen a la persona presa en patrones de comportamiento auto-saboteadores, impidiéndole alzar vuelos más altos.

Para quebrar estas barreras, el primer paso es identificar las creencias limitantes que actúan silenciosamente en la mente. Generalmente operan de forma sutil, como pensamientos recurrentes y automáticos. Frases como "No soy lo suficientemente bueno", "No merezco ser feliz" o "El dinero solo trae problemas" son señales claras de que ideas distorsionadas están moldeando la percepción de la propia capacidad y bloqueando oportunidades. Observar el diálogo interno es esencial para percibir estos patrones. Cuando surjan pensamientos negativos, cuestione: "¿De dónde viene esta idea?" y "¿Es realmente verdadera?". Este proceso de reflexión es el primer paso para debilitar el poder de estas creencias.

Además de los pensamientos, los miedos e inseguridades también revelan creencias limitantes. El miedo al fracaso, al rechazo o incluso al éxito puede estar arraigado en experiencias pasadas que crearon una visión distorsionada sobre la propia capacidad. Al identificar estos miedos y entender su origen, es posible comenzar a deconstruirlos. Por ejemplo, el miedo a asumir grandes responsabilidades puede haber nacido de críticas constantes durante la infancia. Reconocer este origen permite reevaluar y reformular estos sentimientos.

Otro indicador de las creencias limitantes son los patrones de comportamiento repetitivos. Si sueles desistir de proyectos importantes, procrastinar o auto-sabotearte cuando estás a punto de alcanzar algo significativo, estos comportamientos pueden ser resultado directo de creencias inconscientes. Analizar estas actitudes ayuda a entender cómo estas ideas están influenciando tus decisiones y cómo romper este ciclo perjudicial.

Las reacciones emocionales también son pistas importantes. Sentimientos frecuentes de ansiedad, frustración o ira ante los desafíos pueden señalar creencias limitantes ocultas. Estos estados emocionales sirven como una alerta de que algo necesita ser ajustado internamente. Al acoger estas emociones y buscar comprenderlas, se abre espacio para transformarlas en sentimientos más positivos y constructivos.

El origen de estas creencias generalmente se remonta a experiencias de la infancia. Frases dichas por padres, profesores o cuidadores, como "Nunca vas a tener éxito" o "El dinero no crece en los árboles", pueden fijarse profundamente en el subconsciente. Estos mensajes negativos, repetidos a lo largo del tiempo, moldean la forma en que la persona se percibe y se relaciona con el éxito y la prosperidad.

Experiencias traumáticas, como quiebras familiares o pérdidas financieras, también dejan marcas que alimentan la idea de que la prosperidad no es segura o posible. Del mismo modo, la influencia del entorno social, de los medios de comunicación y de la cultura refuerza creencias de escasez. Comentarios como "El dinero cambia a las personas" o "Los ricos no sirven para nada" son internalizados y dificultan la aceptación de la abundancia.

La presión social y la comparación constante con los demás son otros factores que alimentan las creencias limitantes. Las redes sociales y los patrones impuestos por la sociedad crean una sensación de inadecuación, llevando a pensamientos como "Nunca seré lo suficientemente bueno" o "No tengo lo que se necesita para alcanzar el éxito". Identificar estos detonantes es esencial para liberarse de estas comparaciones y enfocarse en el desarrollo personal.

Para eliminar las creencias limitantes, es necesario adoptar técnicas que ayuden en la reprogramación mental. El primer paso es cuestionar estas creencias. Pregúntate a ti mismo: "¿Esta creencia se basa en hechos o en percepciones distorsionadas?" y "¿Existe alguna evidencia concreta que compruebe esto?". Revisitar momentos en los que superaste desafíos similares puede ayudar a debilitar la fuerza de estas ideas.

Otra técnica eficaz es el reencuadre. Sustituye pensamientos limitantes por afirmaciones positivas. Si sueles pensar "No soy lo suficientemente bueno", transforma este pensamiento en "Tengo habilidades únicas y estoy en constante evolución". Este nuevo patrón de pensamiento, repetido con frecuencia, reprograma la mente para ver los desafíos como oportunidades de crecimiento.

Las afirmaciones positivas son fundamentales en este proceso. Declara frases fortalecedoras como "Soy digno de prosperidad y éxito" o "Tengo todas las habilidades necesarias para alcanzar mis objetivos". Repetir estas afirmaciones con emoción, especialmente al despertar y antes de dormir, refuerza la autoconfianza y reestructura las creencias subconscientes.

La visualización creativa también es una herramienta poderosa. Imagínate viviendo plenamente tus objetivos, con detalles vívidos. Visualízate superando desafíos con confianza, celebrando logros y viviendo la realidad que deseas. Cuanto más real y envolvente sea esta práctica, más el subconsciente aceptará esta nueva realidad como posible.

Técnicas como EFT (Emotional Freedom Techniques) son eficaces para liberar bloqueos emocionales. Al estimular puntos específicos del cuerpo con toques leves mientras verbalizas frases de aceptación, como "Aunque tenga miedo de fracasar, me acepto y me amo profundamente", disuelves patrones emocionales negativos y permites que nuevas creencias positivas sean incorporadas.

El Ho'oponopono es otra práctica transformadora. Repetir las frases "Lo siento, perdóname, te amo, estoy agradecido" ayuda a limpiar memorias dolorosas y creencias limitantes, promoviendo paz interior y equilibrio emocional. Este proceso de reconciliación con el pasado libera espacio para nuevos pensamientos y experiencias.

La Programación Neurolingüística (PNL) y la hipnosis también son métodos avanzados para reprogramar el subconsciente. La PNL actúa en la forma en que interpretas tus experiencias, permitiendo modificar patrones de pensamiento negativos. La hipnosis, a su vez, accede a estados profundos de la mente, facilitando la instalación de nuevos pensamientos y comportamientos positivos.

Buscar apoyo profesional, como terapia o coaching, puede acelerar este proceso. Un terapeuta cualificado puede ayudar a identificar creencias limitantes profundas y conducir el proceso de curación emocional, mientras que un coach puede orientar en la construcción de nuevos hábitos y estrategias para alcanzar objetivos.

Por último, crear un entorno que favorezca el crecimiento personal es esencial. Convive con personas que compartan pensamientos positivos y que incentiven el desarrollo. Consume contenidos inspiradores, participa en eventos de autoconocimiento e involúcrate en comunidades que valoren el crecimiento personal.

La transformación de creencias limitantes no sucede de forma instantánea, sino mediante un proceso continuo de autoconocimiento, práctica y persistencia. Con cada nueva creencia positiva incorporada, la mente se fortalece, y el camino hacia el éxito y la prosperidad se vuelve más claro.

Asumir el control sobre los propios pensamientos es un acto de valentía y libertad. Al sustituir creencias auto-saboteadoras por ideas fortalecedoras, expandes tu potencial y creas oportunidades para una vida más plena y abundante. Cada pequeño paso dado en esta dirección refuerza tu capacidad de superar desafíos y de construir una realidad alineada con tus sueños.

Para consolidar la transformación de la mente y eliminar definitivamente las creencias limitantes, es crucial mantener la consistencia en las prácticas adoptadas. El cambio de mentalidad no ocurre de forma instantánea, sino a través de un proceso continuo de autoconocimiento y autodesarrollo. Cultivar hábitos diarios que refuercen pensamientos positivos y acciones alineadas con tus objetivos fortalece la resiliencia y amplía la capacidad de enfrentar desafíos. Este compromiso diario crea una base sólida para sustentar el crecimiento personal y financiero, permitiendo que nuevas creencias empoderadoras se arraiguen profundamente.

Además, rodearse de entornos y personas que estimulen el crecimiento es fundamental para sustentar esta evolución. Participar en grupos de apoyo, eventos de desarrollo personal o incluso consumir contenidos inspiradores puede acelerar el proceso de cambio. La convivencia con individuos que comparten valores de prosperidad y superación alimenta la motivación y anima a la persistencia ante los obstáculos. Así, la influencia positiva del entorno externo actúa como un refuerzo poderoso en la construcción de una mentalidad abundante.

Al integrar estos nuevos hábitos y perspectivas a tu rutina, asumes el control de tu propia narrativa, abriendo camino para realizar tus sueños con confianza y determinación. Las limitaciones impuestas por creencias antiguas pierden fuerza ante una mentalidad fortalecida, y el horizonte de posibilidades se expande. Con dedicación y perseverancia, cada paso dado representa un avance hacia una vida más plena, próspera y alineada con el verdadero potencial que hay dentro de ti.

Capítulo 7
Autoconocimiento Profundo

El autoconocimiento es una jornada esencial y transformadora que permite comprender profundamente quién eres, reconociendo tus creencias, valores, emociones, talentos y propósito de vida. Al explorar cada aspecto de tu ser, te conectas con tu esencia, identificas patrones de comportamiento y descubres potenciales ocultos. Esta inmersión interior proporciona claridad sobre tus motivaciones y elecciones, permitiéndote actuar con más consciencia y autenticidad. Cuando entiendes tus limitaciones y fortalezas, te vuelves capaz de superar obstáculos y dirigir tus acciones de forma estratégica, creando un camino sólido para alcanzar tus objetivos y manifestar la vida que deseas.

Este proceso de autodescubrimiento revela no solo habilidades y talentos, sino también creencias limitantes y comportamientos auto-saboteadores que pueden impedir tu crecimiento. Al reconocer estos patrones, desarrollas la capacidad de transformarlos, sustituyendo pensamientos negativos por perspectivas más constructivas y positivas. Este movimiento interno favorece la creación de hábitos más saludables, fortalece la autoestima y amplía tu visión sobre lo que es posible realizar. Así, el autoconocimiento se convierte en una herramienta poderosa para alinear tus acciones con tus valores y propósitos, facilitando la construcción de una vida plena y satisfactoria.

Además, profundizar en el conocimiento sobre ti mismo impacta directamente en tus relaciones y decisiones. Pasas a actuar con más empatía y comprensión, estableciendo conexiones más auténticas y equilibradas. Esta conexión contigo mismo genera paz interior, resiliencia y seguridad para afrontar desafíos y abrazar oportunidades. Al desarrollar esta consciencia, desbloqueas el flujo natural de la abundancia en todas las áreas de tu vida, viviendo de forma más alineada con quien verdaderamente eres y con los caminos que deseas transitar.

Imagínate como un explorador que se aventura en un bosque denso y desconocido. Sin un mapa o brújula, cada paso es incierto y está lleno de desafíos ocultos. Sin embargo, con las herramientas correctas, comienzas a desvelar senderos, superar obstáculos y, eventualmente, descubrir tesoros escondidos. El autoconocimiento funciona exactamente como este mapa: ilumina caminos, revela trampas y señala direcciones seguras. Cuando te dedicas a comprender quién realmente eres, pasas a navegar con más claridad por la complejidad de tu mente y emociones, desbloqueando el potencial para alcanzar tus sueños.

Esta inmersión interior no es solo un proceso de autoanálisis, sino una jornada profunda que revela creencias, emociones, talentos y propósitos. Proporciona claridad sobre tus deseos y elecciones, permitiéndote actuar de manera más consciente y auténtica. Al entender tus limitaciones y reconocer tus fortalezas, te vuelves capaz de superar obstáculos y dirigir tus acciones de forma estratégica. Esta alineación interior construye una base sólida para alcanzar metas y manifestar la vida que deseas.

Más que identificar habilidades, el autoconocimiento trae a la luz patrones de comportamiento y creencias limitantes que bloquean el crecimiento. Reconocer estos bloqueos permite sustituirlos por pensamientos constructivos y hábitos positivos. Esta transformación interna fortalece la autoestima, amplía la visión sobre lo que es posible realizar y alinea tus acciones con tus valores más profundos. Así, abres camino hacia una vida plena y satisfactoria, donde cada decisión es tomada con consciencia y propósito.

Al profundizar en el conocimiento sobre ti mismo, tus relaciones y decisiones también se transforman. Con más empatía y comprensión, pasas a establecer conexiones auténticas y equilibradas. Esta armonía interna genera paz, resiliencia y seguridad para afrontar desafíos y abrazar oportunidades. La conexión contigo mismo desbloquea el flujo de la abundancia en todas las áreas de la vida, permitiéndote vivir alineado con tu esencia y caminar con confianza en dirección a tus objetivos.

El autoconocimiento es esencial para atraer la abundancia porque revela creencias limitantes que operan silenciosamente y bloquean tu potencial. Al identificar estos patrones, puedes sustituirlos por pensamientos fortalecedores, creando una mentalidad propicia al crecimiento. Este proceso también permite reconocer comportamientos repetitivos que impiden tu progreso. Cuando comprendes estos ciclos, te vuelves capaz de interrumpirlos y adoptar nuevos hábitos más productivos.

Además, el autoconocimiento despierta talentos y habilidades que muchas veces permanecen dormidos. Al valorar estas aptitudes naturales, consigues dirigir tu energía hacia actividades que generan satisfacción y realización. Esta alineación con tus capacidades potenciales amplía tu productividad y creatividad, contribuyendo a una vida más equilibrada y próspera.

Otro aspecto transformador del autoconocimiento es el descubrimiento del propósito de vida. Comprender lo que realmente tiene sentido para ti trae claridad y motivación, guiando tus elecciones y acciones. Esta alineación no solo proporciona realización personal y profesional, sino que también atrae oportunidades coherentes con tus valores.

La autoestima también se fortalece a lo largo de esta jornada. Al aceptar tus cualidades y reconocer aspectos que necesitan ser desarrollados, construyes una relación más saludable contigo mismo. Esta autocompasión aumenta la autoconfianza, permitiéndote afrontar desafíos con más valentía y determinación.

En las relaciones, el autoconocimiento mejora la forma en que te expresas y te conectas con los demás. Entender tus emociones y reacciones hace que las interacciones sean más auténticas y empáticas. Esto fortalece vínculos y crea entornos de respeto y comprensión mutua.

Este proceso también promueve paz interior. Al conectarte con tus emociones y pensamientos más profundos, desarrollas equilibrio y armonía. Este estado interno facilita el flujo de la abundancia, pues pasas a actuar con confianza, claridad y propósito.

Para profundizar en el autoconocimiento, algunas herramientas pueden ser extremadamente eficaces. La introspección es una de ellas. Reservar momentos de silencio para observar tus pensamientos y emociones, sin juicios, permite identificar patrones que influyen en tus elecciones. Este ejercicio diario fortalece la autoconsciencia y ayuda a lidiar mejor con los desafíos.

Otra herramienta poderosa es el journaling. Escribir sobre tus experiencias, sentimientos y reflexiones ayuda a organizar ideas e identificar patrones de comportamiento. Esta práctica facilita la liberación de emociones reprimidas y promueve la claridad mental.

La meditación también desempeña un papel fundamental. Calma la mente, reduce el estrés y aumenta la consciencia sobre tus pensamientos y emociones. Este estado de presencia permite identificar y transformar creencias limitantes, creando espacio para nuevas perspectivas.

Prácticas como el yoga integran cuerpo, mente y espíritu, promoviendo el equilibrio físico y emocional. Las posturas y técnicas de respiración desbloquean tensiones, favoreciendo una conexión más profunda contigo mismo.

La lectura de libros sobre desarrollo personal, espiritualidad y psicología amplía tu visión del mundo y ofrece herramientas valiosas para la autotransformación. Este hábito estimula la reflexión crítica e inspira cambios positivos.

Buscar feedback sincero de personas de confianza también es esencial. Escuchar percepciones externas sobre tus actitudes puede revelar puntos fuertes y aspectos a mejorar, ampliando tu visión sobre ti mismo.

La terapia es un recurso poderoso para explorar emociones, traumas y patrones inconscientes. Con el apoyo de un profesional, puedes profundizar en el autoconocimiento, identificar bloqueos emocionales y desarrollar estrategias para superarlos.

Tests de personalidad, como el MBTI y el Eneagrama, son útiles para entender tus características, preferencias y comportamientos. Estas herramientas ayudan a dirigir tus elecciones de manera más alineada con tus talentos y valores.

El análisis de los sueños también es una forma de acceder a aspectos profundos de la mente. Observar e interpretar los símbolos y narrativas de los sueños puede revelar emociones reprimidas y conflictos internos.

Por último, los viajes y las nuevas experiencias amplían tu percepción y desafían tus creencias. Salir de la zona de confort estimula la adaptación y fortalece la autoconfianza.

Desvelar tu mapa interior implica comprender tus valores, creencias, emociones, talentos y propósito. Identificar tus valores permite alinear decisiones con lo que realmente te importa. Explorar creencias revela pensamientos que impulsan o limitan tu crecimiento. Reconocer emociones desarrolla la inteligencia emocional, mejorando tus reacciones y relaciones. Valorar talentos fortalece tu impacto positivo en el mundo. Descubrir tu propósito da sentido a tus acciones. Identificar puntos fuertes potencia tus habilidades, mientras que trabajar aspectos a desarrollar promueve la evolución.

Esta jornada de autoconocimiento exige paciencia y compromiso. Cada descubrimiento, ya sea cómodo o desafiante, es una oportunidad de ajuste y crecimiento. Celebrar cada avance fortalece la motivación para continuar evolucionando.

Comprenderte profundamente es un regalo que te ofreces a ti mismo. Este conocimiento ilumina el camino hacia la realización personal y te permite contribuir positivamente al mundo. Vivir alineado con tus valores, propósitos y talentos inspira a otras personas a buscar también su esencia. Así, el autoconocimiento se convierte en una fuerza colectiva de transformación El autoconocimiento profundo también exige paciencia y persistencia. Así como cualquier proceso de crecimiento, no ocurre de forma instantánea, sino que se desarrolla gradualmente a medida que te permites explorar diferentes aspectos de ti mismo. Con cada descubrimiento, ya sea cómodo o desafiante, surge la oportunidad de ajustar tus elecciones y comportamientos. Este camino, a veces sinuoso, fortalece tu capacidad de adaptación y resiliencia, preparándote para lidiar con las adversidades con más seguridad y confianza.

Al integrar el autoconocimiento en tu rutina, pasas a reconocer la importancia de celebrar pequeñas conquistas y avances personales. Cada paso dado en dirección a una comprensión más profunda de quién eres contribuye al fortalecimiento de tu autoconfianza y autoestima. Este reconocimiento constante refuerza la motivación para continuar evolucionando y ajustando tus acciones de acuerdo con tus valores y objetivos. Así, creas un ciclo positivo de desarrollo, en el cual cada reflexión y aprendizaje impulsan nuevas conquistas.

Por último, comprenderte en profundidad es un regalo que te ofreces a ti mismo. Este conocimiento interior no solo ilumina el camino hacia la realización personal, sino que también te permite contribuir de manera más significativa al mundo a tu alrededor. Al vivir en sintonía con tus valores, propósitos y talentos, inspiras a otras personas a buscar también su propia esencia. De esta forma, el autoconocimiento se transforma en una fuerza colectiva, capaz de generar cambios positivos y duraderos en la sociedad.

Capítulo 8
Curación Interior

La curación interior es un camino esencial para liberarse de bloqueos emocionales y alcanzar una vida plena de abundancia y bienestar. Este proceso implica identificar y transformar traumas, miedos e inseguridades profundamente arraigados, permitiendo que las emociones reprimidas se comprendan e integren de forma saludable. Así como un río encuentra su flujo natural al desobstruirse, la mente y el corazón se armonizan cuando se curan las viejas heridas, creando espacio para el crecimiento personal, la prosperidad y el equilibrio emocional. Este viaje es una invitación a la reconciliación con el propio pasado, promoviendo la aceptación de uno mismo y la apertura a nuevas posibilidades.

Al iniciar este proceso de curación, es fundamental reconocer que todas las experiencias vividas, incluidas las dolorosas, han moldeado a la persona que eres hoy. Cada desafío enfrentado ha contribuido a tu desarrollo, y comprender esto es el primer paso para la transformación. A partir de esta consciencia, se hace posible liberar patrones negativos y creencias limitantes que sabotean el progreso. La autocompasión juega un papel crucial en este camino, ya que permite mirarse a uno mismo con amabilidad, respetando el tiempo necesario para sanar las heridas y avanzar con confianza. Este cuidado personal fortalece la autoestima y abre espacio para la manifestación de sueños y objetivos previamente bloqueados por inseguridades.

Adoptar prácticas de autoconocimiento y autocuidado es esencial para consolidar la curación interior. Técnicas como la meditación, la escritura terapéutica y la búsqueda de apoyo profesional ofrecen herramientas poderosas para lidiar con emociones desafiantes. Además, cultivar hábitos saludables, como el ejercicio físico regular, una dieta equilibrada y momentos de ocio, contribuye al equilibrio entre cuerpo y mente. Con el tiempo, esta dedicación al bienestar promueve una sensación de ligereza y libertad, permitiéndote conectar con tu verdadera esencia y manifestar una vida más rica, significativa y alineada con tus valores.

La curación interior es como cuidar un jardín que ha estado descuidado durante mucho tiempo. Sus raíces pueden estar sofocadas por las malas hierbas de los traumas, el resentimiento y las creencias limitantes. Sin embargo, con atención, cuidado y paciencia, este jardín puede florecer de nuevo. Del mismo modo, cuando decides afrontar tus heridas emocionales y liberar patrones que bloquean tu crecimiento, creas espacio para una transformación profunda y verdadera. Este proceso no es instantáneo, sino un viaje continuo de autocomprensión, aceptación y liberación.

Reconocer que las experiencias pasadas, especialmente las dolorosas, han moldeado a la persona que eres hoy es el primer paso para la curación. Los traumas, las pérdidas y los rechazos dejan profundas cicatrices que, si no se tratan, siguen influyendo en tus decisiones, relaciones y capacidad para prosperar. Estas heridas pueden manifestarse de diversas maneras: como creencias limitantes que restringen tus acciones, como comportamientos autodestructivos o incluso como síntomas físicos y emocionales.

Las creencias limitantes, a menudo inconscientes, actúan como barreras invisibles que impiden la realización de los sueños. Pensamientos recurrentes como "No soy lo suficientemente bueno" o "No merezco ser feliz" se arraigan en el subconsciente y afectan directamente a tus elecciones. Cuestionar el origen de estas creencias y sustituirlas por pensamientos positivos y constructivos es esencial para liberarse de estas ataduras.

Las conductas autodestructivas, como la procrastinación, las adicciones o la participación en relaciones tóxicas, también son un reflejo de heridas emocionales no curadas. Estos comportamientos surgen como mecanismos inconscientes de protección contra el dolor, pero acaban impidiendo el crecimiento y la evolución. Romper con estos patrones requiere valentía, autoconocimiento y la adopción de hábitos saludables que promuevan el bienestar.

Además, las emociones reprimidas pueden manifestarse en el cuerpo, dando lugar a enfermedades físicas y trastornos emocionales como la ansiedad, la depresión y el dolor crónico. El cuerpo es un reflejo del estado emocional interno, e ignorar estas señales puede agravar el sufrimiento. Las prácticas que promueven el equilibrio emocional y físico son fundamentales para disolver estos bloqueos.

Las dificultades para manifestar deseos y objetivos a menudo tienen su origen en bloqueos emocionales profundos. Incluso con esfuerzo y dedicación, la sensación de estancamiento puede persistir. Esto se debe a que las creencias negativas y los patrones emocionales crean resistencia al flujo de la abundancia. La curación de estas heridas libera la energía necesaria para que los pensamientos, las emociones y las acciones estén en armonía, facilitando la plena realización.

Iniciar el proceso de curación interior requiere reconocer y aceptar el propio dolor. Es un acto de valentía y amor propio. En lugar de evitar las emociones difíciles, permítete sentirlas y comprender lo que quieren revelar. Escribir sobre tus experiencias, practicar la meditación o hablar con alguien de confianza son formas eficaces de acceder y procesar las emociones reprimidas.

Buscar apoyo terapéutico es una herramienta poderosa en este viaje. Los profesionales cualificados pueden ayudarte a explorar las raíces de los traumas y ofrecerte estrategias para superarlos. Terapias como la cognitivo-conductual, el análisis junguiano y las terapias integrativas son recursos que favorecen la comprensión y la resignificación de las experiencias dolorosas.

Las técnicas de liberación emocional, como EFT (Emotional Freedom Techniques), Ho'oponopono y la Constelación Familiar, son métodos eficaces para acceder y disolver emociones negativas profundamente arraigadas. Estas prácticas ayudan a procesar los sentimientos reprimidos y a resignificar las experiencias, promoviendo la ligereza emocional y la claridad mental.

La meditación es una práctica que fortalece la conexión con uno mismo y calma la mente. Permite observar los propios pensamientos y emociones sin juzgar, creando espacio para la autocompasión y la aceptación. Las técnicas de atención plena, las meditaciones guiadas y las visualizaciones creativas son caminos que alivian el estrés y desbloquean las emociones.

El yoga también es una poderosa herramienta de curación. Integra cuerpo, mente y espíritu, promoviendo el equilibrio y la armonía. Los movimientos conscientes y la respiración controlada ayudan a liberar las tensiones físicas y emocionales, desbloqueando la energía vital del cuerpo. Esta práctica fortalece la conexión interna y promueve la disciplina, el enfoque y la serenidad.

El perdón es uno de los pilares más importantes de la curación interior. Perdonarse a sí mismo y a los demás no significa justificar las actitudes negativas, sino liberarse del peso emocional que impide el avance. Las prácticas de reflexión, las cartas de perdón (aunque no se envíen) y las meditaciones específicas ayudan a disolver el resentimiento, trayendo paz y ligereza.

Reconectar con el niño interior es un paso esencial. Muchas de las heridas emocionales más profundas tienen su origen en la infancia. Acoger esta parte de ti con amor y compasión permite sanar los recuerdos dolorosos y recuperar la alegría, la espontaneidad y la creatividad. Visualizar momentos felices, escribir cartas al niño que fuiste o realizar actividades placenteras son formas de fortalecer esta conexión.

Liberar la culpa y la vergüenza es otro paso fundamental. Estas pesadas emociones paralizan y te mantienen atrapado en el pasado. Es fundamental aceptar que los errores son parte del proceso de aprendizaje y que hiciste lo mejor que pudiste con los recursos emocionales que tenías en ese momento. Las prácticas de perdón y las afirmaciones positivas ayudan a disolver estos sentimientos.

La autocompasión es una práctica constante de amabilidad y comprensión hacia uno mismo. Sustituir la autocrítica por pensamientos amorosos fortalece la autoestima y crea un entorno interno seguro para crecer. El mindfulness, las afirmaciones diarias y los momentos de autocuidado son prácticas que cultivan una relación sana contigo mismo.

Celebrar cada logro, por pequeño que sea, refuerza el camino de la curación interior. Valorar los avances diarios, como superar un miedo o mantener una rutina saludable, fortalece la confianza en uno mismo y crea un ciclo positivo de evolución. Llevar un diario de gratitud, compartir las victorias o recompensarse por los objetivos alcanzados son formas de reconocer el progreso personal.

Este viaje de curación interior requiere paciencia, compromiso y valentía. Cada paso, por pequeño que parezca, contribuye a la liberación de viejos patrones y a la construcción de una nueva realidad. La transformación no es lineal, y pueden surgir momentos de incomodidad, pero es precisamente en esos momentos cuando la resiliencia y la autocompasión se vuelven esenciales.

A medida que avanzas en este camino, notarás cambios sutiles y profundos en tu vida. Las emociones fluyen con más facilidad, los pensamientos se vuelven más positivos y las acciones se alinean más con tus valores. Este equilibrio interno se refleja en el mundo exterior, abriendo puertas a nuevas oportunidades y experiencias que antes parecían inalcanzables.

Al cuidar tu jardín interior, permites que la abundancia, la alegría y la paz florezcan. La curación interior no es solo un proceso de superación, sino un camino de reconciliación con tu verdadero yo. Con el corazón ligero y la mente despejada, eres capaz de vivir con mayor autenticidad, libertad y plenitud.

Esta transformación personal no solo te afecta a ti, sino también a todos los que te rodean. Cuando curas tus heridas y vives en armonía contigo mismo, inspiras a otros a buscar su propio proceso de curación y crecimiento. De este modo, la curación interior se expande y crea ondas de cambio positivo, contribuyendo a un mundo más equilibrado y compasivo.

Permítete vivir este viaje con valentía y amabilidad. Al cuidarte con amor y paciencia, descubrirás que es posible florecer en todas las áreas de la vida, convirtiéndote en una versión más fuerte, ligera y auténtica de ti mismo.

Con la profundización en el viaje de curación interior, se hace evidente que la verdadera transformación requiere un compromiso continuo con el autoconocimiento y la práctica constante de hábitos saludables. Cada pequeño cambio, cuando se integra con intención y consciencia, fortalece la base emocional y mental, permitiéndote liberarte de viejos patrones y abrazar nuevas perspectivas. Al reconocer tus límites y celebrar tus victorias, incluso las más sutiles, construyes un camino sólido hacia el equilibrio y la realización personal, creando un entorno interno propicio para florecer plenamente.

Este proceso de curación no es lineal y puede presentar desafíos, pero es precisamente en esos momentos cuando la resiliencia y la autocompasión son esenciales. Al afrontar las dificultades con paciencia y valentía, desarrollas una fuerza interior capaz de sostener cambios profundos y duraderos. Permitirte sentir, aprender y crecer con cada experiencia amplía tu capacidad para afrontar la adversidad, fomentando una relación más armoniosa contigo mismo y con el mundo que te rodea.

Al integrar estas enseñanzas en tu rutina diaria, percibirás que la curación interior es un movimiento constante de reconciliación y renovación. Con el corazón más ligero y la mente despejada, surgen nuevas oportunidades de forma natural, reflejando la abundancia que ya existe en tu interior. Así, el viaje de curación se transforma en un camino de autenticidad, donde cada paso que das es una expresión de amor propio, libertad y realización plena.

Capítulo 9
Mentalidad de Abundancia

Adoptar una mentalidad de abundancia significa reconocer que el mundo está lleno de oportunidades, recursos y posibilidades para todos. Este pensamiento no se basa en ilusiones o suposiciones, sino en una comprensión concreta de que hay espacio para el crecimiento, el éxito y la felicidad en diversas áreas de la vida. Cuando te posicionas con confianza ante las circunstancias, percibes que es posible alcanzar tus objetivos sin necesidad de competir o temer a la escasez. Esta perspectiva fortalece la autoconfianza, fomenta el optimismo y permite valorar cada logro, grande o pequeño, como parte de un flujo continuo de prosperidad.

Con esta visión ampliada, se vuelve natural actuar con gratitud y generosidad, reconociendo que compartir recursos, conocimientos y tiempo no disminuye lo que posees, sino que potencia el retorno positivo. La mentalidad de abundancia conduce a una postura colaborativa, donde el éxito ajeno inspira y motiva, en lugar de provocar sentimientos de amenaza o comparación. Esto crea un ambiente favorable para el crecimiento personal y colectivo, en el que florecen las relaciones saludables y las oportunidades genuinas. Al abrazar esta mentalidad, aprendes a afrontar los desafíos como oportunidades de evolución y comprendes que el universo está en constante movimiento, listo para apoyar a quien cree en su propio potencial.

Este camino hacia la abundancia implica acciones conscientes, como el desarrollo continuo de habilidades, la práctica de la gratitud y la confianza en el flujo natural de la vida. Cada actitud que se toma en este sentido refuerza la percepción de que los recursos son ilimitados cuando se está dispuesto a aprender, adaptarse y colaborar. Así, la abundancia se manifiesta no solo en los aspectos materiales, sino también en las relaciones, la salud, el bienestar emocional y la realización personal, creando una existencia equilibrada y plena.

Imagina entrar en un gran salón iluminado por candelabros dorados, donde largas mesas están elegantemente dispuestas, repletas de platos coloridos y bebidas brillantes. Las bandejas rebosan de manjares de todo el mundo, cada uno de ellos con aromas tentadores. Frutas frescas, panes recién horneados, quesos finos y postres delicadamente decorados componen el escenario. Los invitados circulan entre las mesas con sonrisas sinceras, sirviéndose generosamente mientras comparten historias y risas. En este ambiente, nadie se preocupa por tomar más comida o si la mejor porción será tomada por otra persona. Todos tienen la plena certeza de que hay más que suficiente para todos y que, al compartir, la experiencia se vuelve aún más placentera. Así es la mentalidad de abundancia: una confianza tranquila en que hay espacio y recursos para que todos prosperen.

Ahora bien, contrasta este escenario con un ambiente oscuro y silencioso, donde una pequeña mesa contiene pocos platos, casi vacíos. Los invitados se miran con recelo, temiendo que, si no actúan con rapidez, se queden sin comida. Cada movimiento está calculado, cada gesto es defensivo. Esta es la esencia de la mentalidad de escasez: una visión limitada y ansiosa de que los recursos son insuficientes, lo que obliga a las personas a competir y proteger lo poco que creen tener. Este miedo constante a perder o a no conseguir lo que desean impide la generosidad y bloquea las oportunidades de crecimiento.

Mientras que la mentalidad de escasez distorsiona la percepción de la realidad, creando la ilusión de que el éxito es solo para unos pocos y que cualquier logro ajeno disminuye las propias posibilidades, la mentalidad de abundancia libera de este ciclo. Abre los ojos a la inmensidad de posibilidades que ofrece el mundo. El éxito de otra persona deja de ser una amenaza y se convierte en una fuente de inspiración. Surge la gratitud sincera por lo que ya se tiene y la confianza en que el universo está siempre dispuesto a proporcionar lo necesario para hacer realidad los sueños. Esta transición de perspectiva transforma no solo la forma de afrontar los retos, sino también la manera de interactuar con el mundo y con las personas que nos rodean.

Adoptar esta nueva mentalidad implica cultivar hábitos que refuercen esta visión generosa y expansiva. La práctica de la gratitud, por ejemplo, se convierte en una herramienta poderosa. Cuando se dedica tiempo a reflexionar sobre cada logro, por pequeño que sea, se crea una base sólida de alegría que amplía la percepción de la abundancia. Este ejercicio constante de reconocimiento refuerza la idea de que la vida ya es rica y plena, permitiendo que fluya más prosperidad de forma natural.

Además, actuar con generosidad se convierte en algo natural. Compartir no se limita a los bienes materiales, sino que abarca el tiempo, el conocimiento y el apoyo emocional. Al ofrecer ayuda sin esperar nada a cambio, se percibe que este intercambio genuino genera beneficios mutuos. La energía positiva que se recibe alimenta un ciclo continuo de crecimiento y bienestar. El simple hecho de escuchar a alguien con atención u ofrecer una palabra de aliento puede ser tan valioso como cualquier regalo material.

Mantener el optimismo frente a la adversidad es otra característica fundamental de esta mentalidad. Los obstáculos dejan de verse como barreras insuperables y pasan a considerarse como lecciones valiosas. Esta mirada esperanzadora hace que cada desafío se transforme en una oportunidad de aprendizaje. Se refuerza la confianza en las propias capacidades, lo que permite afrontar las situaciones difíciles con valentía y determinación. La confianza en uno mismo se consolida al percibir que cada paso que se da, incluso ante las dificultades, acerca aún más a los objetivos marcados.

El poder de la colaboración también es clave. Comprender que el trabajo en equipo potencia los resultados es esencial. Cuando se comparten ideas, experiencias y recursos, surgen soluciones innovadoras y caminos más eficaces para alcanzar las metas. Las alianzas sinceras crean un entorno de apoyo mutuo, donde todos se benefician y evolucionan juntos. Esta cooperación constante abre las puertas a oportunidades que difícilmente se alcanzarían de forma aislada.

La búsqueda constante del crecimiento personal y profesional es otra actitud fundamental. Invertir en el desarrollo de nuevas habilidades y en la mejora continua permite identificar nuevas posibilidades y adaptarse fácilmente a los cambios. Esta flexibilidad ante los desafíos es un elemento diferenciador. En lugar de resistirse a lo inesperado, quien cultiva la mentalidad de abundancia considera los cambios como valiosas oportunidades de evolución, ajustando el camino siempre que sea necesario.

Mantener una visión a largo plazo también es esencial. Tener claridad sobre los objetivos más amplios orienta las decisiones diarias, haciéndolas más conscientes y estratégicas. Esto evita las distracciones con resultados inmediatos y mantiene el foco en lo que realmente importa. Esta perspectiva de futuro proporciona serenidad y paciencia, permitiendo que los logros se produzcan de forma natural y sostenible.

Para alimentar esta mentalidad de abundancia, es necesario incorporar prácticas diarias que refuercen esta visión. Reservar momentos para reflexionar sobre los propios logros, ya sean grandes o pequeños, crea una conexión más profunda con el presente. Escribir en un diario o expresar gratitud ayuda a consolidar esta percepción positiva. Además, la generosidad puede cultivarse mediante gestos sencillos, como ofrecer apoyo a quien lo necesita o dedicar tiempo a causas sociales. Cada acto de bondad contribuye a fortalecer el ciclo de prosperidad.

Las afirmaciones positivas son otra herramienta poderosa. Repetir frases como "Soy merecedor de una prosperidad ilimitada" o "La abundancia fluye hacia mí de forma natural" refuerza las creencias que sustentan esta forma de pensar. Estas palabras tienen el poder de reprogramar los patrones mentales y fortalecer la confianza en el flujo constante de oportunidades.

Visualizar con detalles vívidos el éxito deseado también tiene un gran impacto. Imaginarse alcanzando las metas, sintiendo las emociones positivas asociadas a esos logros, alinea el subconsciente con las acciones necesarias para convertir esos sueños en realidad. Esta práctica crea un estado mental propicio para atraer las circunstancias deseadas.

Rodearse de gente positiva es igualmente importante. Al convivir con personas que comparten una visión optimista y celebran los éxitos ajenos, resulta más fácil mantener hábitos saludables y una mentalidad expansiva. Al mismo tiempo, es fundamental limitar la exposición a las fuentes de negatividad. Filtrar el contenido y los entornos que agotan la energía ayuda a preservar el equilibrio emocional y mental.

Por último, celebrar los logros de los demás con sinceridad transforma la forma de ver el éxito. Al admirar el progreso de los demás, se aprende que hay espacio para que todos prosperen. Este reconocimiento sincero refuerza la idea de que el éxito es abundante y accesible para todos.

Estas prácticas, cuando se integran en la vida diaria, crean una base sólida para vivir con más ligereza y plenitud. La mentalidad de abundancia permite ver la vida como un campo fértil de oportunidades, donde el crecimiento es continuo y las posibilidades son infinitas. Así, cada paso que se da se convierte en parte de un viaje rico en significado, marcado por la prosperidad, las conexiones genuinas y los logros personales.

Confía en el flujo de la vida: Cultiva una confianza inquebrantable en que todo sucede en el momento adecuado y que el universo trabaja a tu favor. Acepta que no todo está bajo tu control, pero que cada experiencia contribuye a tu crecimiento. Esta fe en el proceso natural de la vida aporta ligereza, reduce la ansiedad y permite que la abundancia se manifieste con fluidez.

Al integrar la mentalidad de abundancia en la vida cotidiana, se percibe que la verdadera riqueza va más allá de lo material. Las experiencias vividas, las relaciones construidas y las lecciones aprendidas forman un patrimonio inconmensurable. Esta comprensión permite afrontar cada reto con resiliencia y creatividad, ya que la confianza en el flujo constante de oportunidades aporta serenidad incluso ante la adversidad. Así, la búsqueda del crecimiento deja de ser una carrera desesperada y se transforma en un agradable viaje de autodescubrimiento y realización.

La mentalidad de abundancia también promueve un cambio significativo en la forma de gestionar el tiempo. Al percibir que hay espacio para todo lo esencial, resulta más fácil equilibrar los compromisos y los momentos de descanso. Este equilibrio se refleja directamente en la calidad de vida, permitiendo alcanzar las metas de forma más ligera y sostenible. Valorar el presente, sin prisas por el futuro ni apego al pasado, fortalece la capacidad de vivir plenamente cada instante.

Capítulo 10
Lenguaje Positivo

El lenguaje ejerce una influencia directa sobre la forma en que percibes e interactúas con el mundo, siendo una herramienta fundamental para la construcción de una realidad más próspera y armoniosa. Las palabras que eliges diariamente tienen el poder de moldear pensamientos, sentimientos y comportamientos, impactando tanto la manera en que te relacionas contigo mismo como con las personas que te rodean. Al adoptar una comunicación positiva, fortaleces tu mente con pensamientos constructivos, promoviendo actitudes más asertivas y productivas. Este cambio en el vocabulario no solo modifica la percepción de los desafíos, sino que también impulsa la autoconfianza y la capacidad de encontrar soluciones creativas. El uso consciente de palabras edificantes crea una base sólida para transformar obstáculos en oportunidades y potenciar resultados positivos en diversas áreas de la vida.

Además de fortalecer la mentalidad, el lenguaje positivo ajusta tu frecuencia energética, acercándote a sentimientos como la gratitud, el entusiasmo y el optimismo. Esta elevación vibracional facilita la atracción de situaciones favorables, personas alineadas con tus objetivos y oportunidades que contribuyen al crecimiento personal y profesional. Al expresar palabras que reflejan confianza y esperanza, te conectas con un flujo continuo de prosperidad y bienestar. Esta alineación energética se refleja no solo en las conquistas individuales, sino también en la construcción de relaciones más saludables, basadas en el respeto, la empatía y la colaboración. La comunicación positiva, por lo tanto, se convierte en un instrumento poderoso para crear ambientes armoniosos y fortalecer vínculos interpersonales, promoviendo el desarrollo mutuo y abriendo puertas a nuevas posibilidades.

Al incorporar palabras motivadoras y alentadoras en tus diálogos internos y externos, estimulas una percepción más amplia de ti mismo y del mundo. Este hábito transforma la forma en que interpretas los desafíos, ayudando a identificar soluciones y a mantener el foco en los resultados deseados. El lenguaje positivo actúa como un catalizador para el desarrollo personal, reforzando la autoestima, alimentando la determinación y ampliando la claridad de propósito. Con esta base fortalecida, se vuelve más fácil enfrentar adversidades, establecer metas claras y seguir con confianza hacia la realización de sueños. Este proceso continuo de autotransformación te permite construir una realidad más próspera, plena y alineada con tus valores y objetivos.

Imagina a un pintor utilizando colores vibrantes y alegres para crear una obra de arte. Los colores que elige transmiten emociones, crean atmósferas e influyen en la percepción del observador. De la misma manera, las palabras que utilizas pintan el cuadro de tu realidad, coloreando tus experiencias y atrayendo a tu vida aquello que expresas.

Imagina que estás frente a un vasto jardín, donde cada palabra que pronuncias es como una semilla lanzada al suelo. Palabras gentiles y alentadoras florecen en bellos árboles y flores vibrantes, mientras que las palabras negativas pueden generar espinas o espacios áridos. Así como un jardinero elige cuidadosamente las semillas que planta, la forma en que utilizas el lenguaje tiene el poder de nutrir o limitar el crecimiento de tu propia vida. Cada expresión positiva cultiva un ambiente fértil para el florecimiento de oportunidades, relaciones saludables y bienestar emocional.

El lenguaje positivo, por lo tanto, no es solo una forma de comunicación, sino un instrumento poderoso para transformar realidades. Al sustituir palabras de duda y limitación por afirmaciones de confianza y optimismo, comienzas a reprogramar tu mente subconsciente. Este proceso silencioso, pero profundo, sustituye creencias limitantes por pensamientos constructivos, creando una base sólida para actitudes más proactivas. Este cambio interior impulsa la autoconfianza y fortalece la capacidad de actuar con determinación, convirtiéndose en un pilar para la realización de sueños.

Más que un impacto interno, el lenguaje positivo también influye directamente en la energía que emites. Palabras de gratitud, alegría y esperanza elevan tu frecuencia vibracional, alineándote con situaciones, personas y oportunidades que vibran en la misma sintonía. Este flujo energético crea una red de conexiones que facilita el camino hacia la prosperidad. Al expresar optimismo, no solo atraes circunstancias favorables, sino que también inspiras a quienes te rodean a adoptar una postura más constructiva.

Los reflejos de esta práctica son visibles en las relaciones interpersonales. Una comunicación basada en el respeto y la gentileza fortalece lazos y promueve la empatía. Palabras de incentivo y reconocimiento crean ambientes de confianza y colaboración, donde las ideas fluyen libremente y los vínculos se profundizan. En ambientes profesionales, este clima positivo favorece el trabajo en equipo e impulsa la productividad. En casa, genera armonía y comprensión mutua. Así, el poder de la palabra se extiende más allá del individuo, alcanzando a todos con quienes se conecta.

Este impacto positivo se manifiesta también en la manera en que enfrentas los desafíos. Al cultivar un lenguaje optimista, las dificultades dejan de ser vistas como barreras infranqueables y pasan a ser reconocidas como desafíos superables. La sustitución de términos como "problema" por "desafío" o "fracaso" por "aprendizaje" reestructura la forma de encarar situaciones adversas. Este simple cambio de perspectiva abre espacio para soluciones creativas y una postura resiliente ante las dificultades.

Construir un lenguaje positivo exige atención y práctica constante. Observar atentamente los diálogos internos es el primer paso. Muchas veces, autocríticas y pensamientos limitantes surgen de forma automática, influenciando acciones y decisiones. Al identificar estos patrones, es posible interrumpirlos y sustituirlos por expresiones más alentadoras. Decir "no puedo" puede ser transformado en "estoy aprendiendo", y "esto es difícil" en "esto es desafiante". Este ajuste en el vocabulario interno fortalece la autoconfianza y crea un espacio mental más propicio al crecimiento.

Las afirmaciones positivas desempeñan un papel fundamental en este proceso. Frases como "soy capaz", "merezco prosperidad" o "cada día estoy más cerca de mis objetivos" funcionan como anclas para una mentalidad de abundancia. Repetirlas con intención refuerza la creencia de que es posible superar obstáculos y alcanzar metas. Con el tiempo, estas afirmaciones se integran naturalmente al pensamiento cotidiano, influenciando decisiones y comportamientos.

Otra práctica poderosa es elegir palabras que inspiren. Incorporar términos como "crecimiento", "superación" y "realización" en el vocabulario diario estimula emociones positivas y fortalece la motivación. Esta selección cuidadosa de palabras no solo eleva el estado emocional, sino que también crea un ambiente interno favorable al alcance de objetivos. Paralelamente, eliminar palabras negativas y limitantes contribuye a mantener este flujo positivo. Sustituir "nunca" por "todavía no" e "imposible" por "desafiante" amplía horizontes e incentiva la búsqueda de soluciones.

Expresar gratitud es otro elemento esencial en la construcción de un lenguaje positivo. Agradecer por las conquistas, por las experiencias e incluso por los desafíos fortalece la percepción de abundancia. Este hábito crea un ciclo virtuoso: cuanto más reconoces y valoras lo que tienes, más motivos encuentras para agradecer. Este sentimiento genuino de gratitud atrae nuevas oportunidades y fortalece la conexión con el presente.

Además de cuidar las palabras dirigidas a ti mismo, es importante también esparcir positividad a tu alrededor. Elogiar sinceramente, ofrecer palabras de apoyo e incentivar a las personas crea un ambiente acogedor y estimulante. Pequeños gestos, como reconocer el esfuerzo de alguien o celebrar sus conquistas, tienen el poder de fortalecer lazos e inspirar cambios positivos. Este comportamiento genera un efecto multiplicador, incentivando a otros a también adoptar una comunicación más constructiva.

La claridad y la asertividad en la comunicación también son fundamentales. Expresar ideas y sentimientos de forma objetiva, respetuosa y segura evita malentendidos y fortalece relaciones. Este equilibrio entre firmeza y empatía permite establecer límites saludables y construir conexiones auténticas. La comunicación asertiva abre espacio para diálogos productivos y relaciones basadas en confianza mutua.

Evitar quejas y chismes es igualmente importante. Participar de conversaciones constructivas y enriquecedoras preserva la energía personal y contribuye a un ambiente más ligero y positivo. Elegir conscientemente interacciones que traigan aprendizaje e inspiración fortalece la mentalidad positiva y favorece el crecimiento.

Por último, alimentar la mente con contenidos edificantes completa este proceso. Leer libros motivadores, ver películas inspiradoras y buscar conocimiento que expanda la visión del mundo son formas de nutrir la mente con ideas que estimulan el crecimiento. Este hábito constante amplía perspectivas, trae nuevas ideas y refuerza la conexión con emociones elevadas.

Al integrar el lenguaje positivo en la rutina, no solo transformas la forma en que piensas y actúas, sino que también creas un impacto positivo duradero en el ambiente que te rodea. Cada palabra consciente es una semilla que florece en actitudes, decisiones y resultados. Este poder silencioso moldea comportamientos, inspira cambios y fortalece relaciones. Así, te conviertes no solo en protagonista de tu propia historia, sino también en un agente de transformación en el mundo.

Con el tiempo, esta práctica se consolida como un hábito natural, influenciando todas las áreas de la vida. La comunicación positiva pasa a ser reflejo de una mentalidad fortalecida, capaz de enfrentar desafíos con resiliencia y buscar oportunidades con entusiasmo. La consciencia del poder de las palabras permite construir una trayectoria de conquistas auténticas, relaciones profundas y una vida alineada con tus valores.

Así, al elegir tus palabras con intención y propósito, asumes el control de tu narrativa personal. Cada frase dicha con confianza y positividad contribuye a la construcción de una realidad más ligera, plena y abundante. La verdadera transformación comienza cuando comprendes que la forma en que te comunicas tiene el poder de crear, fortalecer y expandir todo lo que deseas vivir.

Al integrar el lenguaje positivo en tu rutina, no solo transformas tu mentalidad, sino que también influyes en el ambiente que te rodea de manera significativa. Cada palabra elegida con intención lleva consigo la fuerza de generar impacto, moldeando comportamientos e inspirando a quienes interactúas. Este poder sutil, pero profundo, amplía tu capacidad de liderar con el ejemplo, creando una red de influencia positiva que reverbera en todas las esferas de tu vida. Así, la comunicación se convierte en un canal de conexión genuina, capaz de estimular el crecimiento colectivo y fortalecer vínculos basados en el respeto y la empatía.

Con el tiempo, la práctica constante del lenguaje positivo se consolida como un pilar esencial para el equilibrio emocional y el bienestar. Este hábito permite resignificar experiencias pasadas y encarar el presente con más ligereza y claridad, cultivando resiliencia ante los desafíos. Al sustituir pensamientos autolimitantes por afirmaciones alentadoras, activas tu potencial creativo y encuentras motivación para seguir adelante con propósito. Esta transformación silenciosa, pero consistente, se refleja en tus acciones diarias, haciendo la jornada más gratificante y llena de significado.

Al comprender que cada palabra tiene el poder de crear o limitar, asumes el control de tu narrativa personal. A partir de esta consciencia, la comunicación positiva deja de ser solo una elección y se convierte en una expresión natural de tu esencia. Así, construyes una trayectoria marcada por conquistas auténticas, relaciones enriquecedoras y una vida alineada con tus valores más profundos. Este camino de evolución continua revela que la verdadera abundancia nace de la forma en que elegimos comunicarnos con el mundo y, principalmente, con nosotros mismos.

Capítulo 11
Limpieza Energética

La limpieza energética es una práctica esencial para mantener el equilibrio del cuerpo, mente y espíritu, promoviendo el bienestar y la armonía en todos los aspectos de la vida. Así como es fundamental cuidar de la higiene física y del ambiente en que vivimos, es igualmente necesario velar por la pureza de nuestra energía. Al remover cargas negativas y bloqueos acumulados a lo largo del tiempo, se crea un flujo continuo de energía vital que favorece la salud, la prosperidad y la felicidad. Este proceso permite que la energía circule libremente, elevando la vibración personal y abriendo espacio para nuevas oportunidades y experiencias positivas.

La acumulación de energías densas y estancadas puede impactar directamente el equilibrio emocional, mental y físico, influenciando la forma como enfrentamos desafíos diarios e interactuamos con el mundo a nuestro alrededor. Prácticas regulares de purificación energética contribuyen para restaurar el bienestar, revitalizar la disposición y fortalecer la conexión con el propósito de vida. Métodos como baños energéticos, meditación, uso de cristales y defumaciones son herramientas eficaces para disolver bloqueos, limpiar el campo vibracional y reestablecer el flujo natural de la energía vital.

Mantener la energía limpia y equilibrada no solo fortalece el cuerpo y la mente, sino que también potencializa la capacidad de atraer abundancia, salud y relaciones armoniosas. A partir de una rutina consistente de cuidados energéticos, es posible percibir transformaciones significativas en la calidad de vida, en las emociones y en los pensamientos. Al integrar estas prácticas al día a día, creamos un ambiente interno y externo más leve y positivo, favoreciendo el crecimiento personal y espiritual.

Imagine un río cristalino, cuyas aguas fluyen libremente, reflejando la luz del sol en su superficie. Este río, sin embargo, puede, con el tiempo, acumular hojas secas, ramas quebradas y otros detritos que interrumpen su flujo natural. El agua, antes límpida y llena de vida, se torna turbia y pesada. Así como este río, nuestra energía también puede ser afectada por bloqueos e impurezas que se acumulan a lo largo del tiempo. La limpieza energética surge como una manera de remover estos obstáculos invisibles, permitiendo que la energía vital vuelva a fluir con fuerza, claridad y vitalidad.

Nuestras interacciones diarias con ambientes, personas y situaciones nos exponen constantemente a diferentes tipos de energía. Absorbemos no apenas vibraciones positivas, sino también aquellas más densas y cargadas. Discusiones, ambientes desorganizados, pensamientos negativos y emociones reprimidas son fuentes comunes de acumulación energética. Cuando esta carga negativa no es debidamente liberada, puede manifestarse en cansancio extremo, irritabilidad, dificultades en las relaciones y hasta mismo en bloqueios que impiden el flujo natural de abundancia en nuestras vidas.

La limpieza energética actúa profundamente en estos aspectos, promoviendo una verdadera renovación en varios niveles. En el plano físico, prácticas como baños energéticos y masajes con aceites esenciales disipan tensiones acumuladas en el cuerpo, aliviando dolores inexplicables y restaurando la disposición. En el campo emocional, técnicas de meditación, el uso de cristales y la práctica de yoga son eficaces para liberar emociones reprimidas, como tristeza, rabia y miedo, trayendo ligereza y claridad emocional. En el nivel mental, métodos como afirmaciones positivas y visualizaciones creativas auxilian en la disolución de pensamientos negativos y patrones repetitivos, abriendo espacio para nuevas ideas y acciones más asertivas. Ya en el aspecto espiritual, rituales de oración, conexión con la naturaleza y terapias energéticas, como el Reiki, fortalecen la ligación con el propósito de vida y elevan la vibración personal, favoreciendo la manifestación de prosperidad y bienestar.

Los signos de que es preciso realizar una limpieza energética son variados y, muchas veces, sutiles. El cansancio excesivo, mismo después del descanso, puede ser un indicativo claro de que hay una sobrecarga energética impidiendo el flujo natural de vitalidad. Dolores físicos sin causa aparente, insomnio, ansiedad e irritabilidad son otros signos de alerta. Además, dificultades persistentes en áreas como finanzas, relaciones y salud también pueden ser reflejo de bloqueos energéticos que necesitan ser disueltos. Reconocer estos signos es fundamental para iniciar el proceso de purificación y reconectarse con el flujo natural de la vida.

Entre los métodos más eficaces de limpieza energética están los baños con hierbas y sal gruesa, que actúan como poderosos purificadores. El contacto con elementos naturales, como el agua del mar o la tierra, también tiene un efecto restaurador, ayudando a descargar energías densas. La defumación con hierbas como salvia, ruda y romero limpia no apenas el campo energético personal, sino también los ambientes, creando una atmósfera más leve y acogedora. El uso de cristales, como la turmalina negra para protección y la amatista para transmutación de energías negativas, es otra práctica valiosa. Estos cristales absorben y equilibran las vibraciones a nuestro alrededor, promoviendo armonía y bienestar.

La meditación es una herramienta poderosa para calmar la mente y liberar tensiones emocionales. Técnicas de visualización, como imaginar una luz dorada o violeta envolviendo el cuerpo y disolviendo bloqueos, son eficaces para restaurar el equilibrio energético. Prácticas espirituales, como la oración sincera, ayudan a crear un campo de protección y atraen paz interior. El Reiki, terapia que canaliza energía universal por medio de las manos, actúa directamente en el desbloqueo de puntos energéticos, promoviendo relajación profunda y equilibrio integral.

Integrar estos métodos de limpieza energética a la rutina trae beneficios que van más allá del alivio inmediato. Con la práctica constante, es posible percibir una mejora significativa en la calidad de vida, en las relaciones y en la claridad mental. La energía fluye con más ligereza, favoreciendo la toma de decisiones más conscientes y la creación de un ambiente interno propicio para el crecimiento personal y espiritual. Este estado de equilibrio facilita el alcance de metas y la realización de sueños, pues remueve barreras invisibles que antes bloqueaban el camino.

Además de las prácticas de limpieza, mantener la energía elevada requiere cuidados diarios. Cultivar pensamientos positivos es esencial para preservar el campo energético limpio y protegido. Evitar reclamaciones, chismes y críticas excesivas impide la creación de bloqueos innecesarios. Practicar gratitud diariamente amplía la percepción de abundancia, reforzando una vibración elevada. Cercarse de personas positivas e inspiradoras también contribuye para la manutención de una energía leve y fluida.

El cuidado con el cuerpo físico, por medio de una alimentación equilibrada y de actividades físicas regulares, también es fundamental. Alimentos frescos y naturales, ricos en nutrientes, fortalecen la energía vital. Ejercicios físicos ayudan a liberar tensiones acumuladas y estimulan el flujo energético. Mantener el ambiente limpio, organizado y bien ventilado es otra práctica importante. Espacios desorganizados acumulan energía estancada, mientras que ambientes leves y armónicos favorecen la circulación de buenas energías.

La aromaterapia es una excelente aliada en este proceso. Aceites esenciales de lavanda, romero, eucalipto y naranja dulce poseen propiedades que limpian y energizan el ambiente y la aura personal. Difusores, sprays o algunas gotas en la almohada pueden transformar el clima del espacio, promoviendo relajación y foco.

Incorporar prácticas como la escucha de mantras o músicas de frecuencia elevada también auxilia en la elevación vibracional. Sonidos sagrados actúan directamente en la armonización de los chakras, equilibrando cuerpo, mente y espíritu. Caminar en la naturaleza, sentir el viento, tocar la tierra o simplemente contemplar la belleza natural son formas simples y eficaces de renovar la energía.

Cuando la energía está limpia y fluyendo libremente, las relaciones interpersonales también se transforman. La ligereza interna se refleja en la forma como nos comunicamos, tornando los diálogos más claros y respetuosos. Lazos afectivos se fortalecen, conflictos son resueltos con más facilidad y nuevas conexiones, más alineadas con nuestros valores, surgen naturalmente. Este equilibrio facilita la creación de relaciones auténticas y armoniosas, pautadas por la empatía y comprensión mutua.

Por fin, la limpieza energética es una invitación para vivir con más ligereza, claridad y propósito. Cada práctica realizada con intención fortalece la conexión con la propia esencia y abre espacio para experiencias enriquecedoras. Con la energía fluyendo de forma equilibrada, se torna más fácil lidiar con desafíos, reconocer oportunidades y trilhar un camino de realización personal y espiritual. Así como un río que vuelve a correr libremente tras ser desobstruido, la vida se torna más abundante y plena cuando cuidamos de nuestra energía con atención y cariño.

Al adoptar prácticas de limpieza energética de forma consistente, creamos un ciclo de renovación continua que impacta positivamente todos los aspectos de la vida. Este cuidado no apenas elimina bloqueos y energías densas, sino que también fortalece la conexión con el presente, permitiendo una percepción más clara de las oportunidades a nuestro alrededor. Así, la energía fluye con ligereza, favoreciendo elecciones más conscientes y actitudes alineadas con nuestros propósitos. Este flujo armonioso nos impulsa a actuar con confianza, creando un camino más fluido para alcanzar metas y realizar sueños.

La transformación proporcionada por la limpieza energética se refleja también en la forma como nos relacionamos con el mundo. Las conexiones interpersonales se tornan más auténticas y equilibradas, pues la energía renovada atrae personas y situaciones que vibran en sintonía con nuestro bienestar. Este equilibrio facilita la resolución de conflictos, fortalece lazos afectivos y amplía la capacidad de expresar sentimientos de forma saludable. Con la mente tranquila y el corazón leve, cultivamos relaciones más armoniosas, basadas en la comprensión, respeto y apoyo mutuo.

Por fin, incorporar la limpieza energética como parte del autocuidado diario es una invitación para vivir de manera más plena y consciente. Cada práctica, sea simple o elaborada, contribuye para fortalecer nuestra esencia, protegiéndonos de influencias negativas y abriendo espacio para crecimiento y prosperidad. Con la energía limpia y fluyendo libremente, nos tornamos más resilientes frente a los desafíos y más receptivos a las bendiciones que la vida tiene para ofrecer, permitiendo que la jornada personal sea conducida con equilibrio, claridad y propósito.

Capítulo 12
Cristales y Abundancia

Los cristales son fuentes naturales de energía, formados a lo largo de millones de años en las profundidades de la Tierra, cargando en su composición propiedades vibracionales únicas que influencian directamente el campo energético humano. Estas piedras preciosas poseen la capacidad de canalizar y amplificar frecuencias positivas, siendo instrumentos eficaces para atraer prosperidad, equilibrio emocional y bienestar físico. Cuando utilizados con intención y propósito, los cristales se tornan herramientas poderosas para la manifestación de abundancia en diversas áreas de la vida, actuando como puentes entre el mundo material y las energías sutiles que nos rodean. Su estructura cristalina resuena con las vibraciones del universo, creando una sinergia que favorece el flujo de energías positivas, permitiendo que deseos y objetivos se concreten de manera más fluida y armoniosa.

Al integrar los cristales en el día a día, es posible acceder a sus propiedades específicas para impulsar metas personales y profesionales. Cada tipo de cristal vibra en una frecuencia distinta, alineándose con diferentes intenciones y necesidades. Por ejemplo, piedras como el Citrino son reconocidas por estimular la prosperidad financiera y el éxito, mientras que el Cuarzo Rosa promueve amor y armonía en las relaciones. La interacción con estos minerales favorece la elevación de la frecuencia energética personal, creando un campo propicio para la atracción de oportunidades y la superación de desafíos. Así, al seleccionar y utilizar conscientemente un cristal alineado a un propósito específico, la persona fortalece su conexión con las energías de abundancia, potencializando la realización de sus objetivos.

La práctica de utilizar cristales envuelve más que simplemente tenerlos cerca; requiere cuidado, intención clara y conexión emocional. Desde la elección intuitiva de la piedra hasta su limpieza, energización y programación con deseos específicos, cada etapa de este proceso contribuye para potencializar la energía del cristal. Incorporarlos en la rutina diaria, sea como accesorios, objetos decorativos o herramientas de meditación, crea un flujo continuo de vibraciones positivas. Este involucramiento consciente permite no apenas atraer prosperidad, sino también mantener un equilibrio energético, fortaleciendo la autoconfianza, la claridad mental y la motivación. De esta forma, los cristales se tornan aliados esenciales en la construcción de una vida plena, abundante y alineada con las mejores oportunidades que el universo tiene para ofrecer.

Imagine sostener un cristal en las manos, sintiendo su textura fría y suave, mientras una leve vibración recorre sus dedos. Este simple gesto carga un poder profundo, pues los cristales son más que bellas piedras; son verdaderas manifestaciones de la energía de la Tierra, acumulando vibraciones a lo largo de millones de años. Así como una antena sintoniza frecuencias invisibles, un cristal amplifica y canaliza energías sutiles, conectándote a fuerzas universales que influencian directamente el flujo de prosperidad y equilibrio en tu vida. Utilizar cristales con intención consciente es como abrir un canal directo para la manifestación de abundancia en todas las áreas de la existencia.

Esta conexión entre cristales y abundancia se fortalece por la sinergia con la Ley de la Atracción, que nos enseña que semejante atrae semejante. Cada cristal vibra en una frecuencia específica, y al elegir una piedra alineada a tu propósito, sintonizas tu energía con aquello que deseas atraer. Si la intención es prosperidad financiera, el Citrino, con su vibración cálida y expansiva, actúa como un poderoso imán para la riqueza. Para fortalecer relaciones afectivas, el Cuarzo Rosa vibra en la frecuencia del amor y la armonía, promoviendo conexiones profundas y auténticas. Esta interacción energética no ocurre de forma aleatoria, sino como resultado de un alineamiento intencional entre el propósito de la persona y la vibración del cristal elegido.

El uso consciente de los cristales exige más que simplemente mantenerlos cerca. Es necesario establecer una conexión verdadera con ellos, envolviendo etapas importantes como la elección intuitiva, la limpieza energética, la energización y la programación con intenciones claras. Este proceso comienza desde el momento de la selección. Al entrar en contacto con diversos cristales, es importante permitir que la intuición conduzca la elección. Muchas veces, una piedra en específico llama la atención, provoca una sensación de calor o simplemente "se destaca" entre las demás. Esta es una señal de que la vibración del cristal está en sintonía con tu energía y con tus necesidades en aquel momento.

Tras la elección, la limpieza energética es esencial para purificar el cristal de cualquier influencia anterior. Cristales absorben y acumulan energías del ambiente y de las personas, por eso, necesitan ser limpios antes de ser programados con nuevas intenciones. Métodos simples como la defumación con hierbas, la inmersión en agua con sal gruesa (respetando las características de cada piedra) o la exposición a la luz solar o lunar son eficaces para restaurar su pureza vibracional. Tras esta purificación, energizar el cristal potencializa su actuación. La luz solar revitaliza cristales solares, como el Citrino y la Pirita, mientras que la luz lunar intensifica la energía de piedras más sutiles e introspectivas, como la Amatista y el Cuarzo Rosa.

El próximo paso es programar el cristal con la intención deseada. Sosteniendo la piedra con firmeza, cierra los ojos y visualiza con claridad aquello que deseas manifestar. Imagina esta intención siendo absorbida por el cristal, que pasa a irradiar esta energía a tu alrededor. Este acto de programación transforma el cristal en un aliado activo en la manifestación de tus objetivos, creando un flujo continuo de energía enfocada en lo que buscas alcanzar.

Existen diversos cristales específicos para atraer abundancia y prosperidad, cada uno con propiedades únicas que actúan en diferentes aspectos de la vida. El Citrino, conocido como la "piedra de la prosperidad", carga la energía del sol, irradiando entusiasmo, confianza y creatividad. Su vibración estimula la motivación y la claridad mental, facilitando la superación de desafíos y la concretización de metas financieras. La Pirita, con su brillo dorado, simboliza riqueza y poder. Además de atraer oportunidades financieras, esta piedra protege contra energías negativas y estimula el razonamiento lógico, siendo una excelente aliada para emprendedores y profesionales en busca de crecimiento.

El Ojo de Tigre, por su parte, equilibra coraje y protección. Esta piedra ayuda a tomar decisiones sabias y evita riesgos innecesarios, proporcionando seguridad y determinación en momentos de desafío. Ya la Aventurina Verde, conocida como la "piedra de la suerte", abre caminos para nuevas oportunidades y promueve prosperidad de manera equilibrada. Su energía suave calma emociones y fortalece la confianza, favoreciendo decisiones más conscientes. La Jade, símbolo milenar de suerte y abundancia, emana una vibración de estabilidad y crecimiento duradero. Asociada a la sabiduría y a la prosperidad, esta piedra estimula decisiones sensatas y protege contra influencias negativas.

Incorporar cristales en el cotidiano es simple y poderoso. Cargar una piedra en el bolsillo o utilizarla como accesorio mantiene su energía en contacto constante con el cuerpo. Meditar con el cristal en manos o posicionarlo sobre el chakra correspondiente potencializa la conexión con la intención. Decorar ambientes con cristales estratégicos también armoniza la energía del espacio. Por ejemplo, posicionar una Pirita en el local de trabajo atrae prosperidad en los negocios, mientras que un Citrino en el rincón de la riqueza (según el Feng Shui) potencializa ganancias financieras.

La manutención de los cristales también es esencial para garantizar su eficacia continua. Así como limpiamos nuestro cuerpo y nuestra mente, los cristales necesitan ser purificados regularmente para liberar energías acumuladas. Incorporar prácticas de gratitud y respeto por el cristal fortalece aún más esta conexión. Agradecer a la piedra por su actuación energética refuerza el flujo de prosperidad, creando una relación de intercambio y respeto.

Además, es importante recordar que la abundancia no se resume apenas a ganancias financieras. La verdadera prosperidad envuelve equilibrio emocional, bienestar físico, armonía en las relaciones y crecimiento espiritual. Los cristales actúan de forma integrada, proporcionando equilibrio en todas estas áreas. La Amatista, por ejemplo, eleva la espiritualidad y calma la mente, mientras que el Cuarzo Verde promueve salud y cura emocional. Este equilibrio completo permite que la abundancia se manifieste de manera fluida y sustentable.

La práctica continua con cristales también inspira hábitos diarios de presencia y gratitud, fundamentales para mantener la vibración elevada. Reconocer y valorar las pequeñas conquistas fortalece el camino para realizaciones mayores. La energía de los cristales, sumada a una mentalidad abierta e intencional, crea un ambiente interno y externo propicio para el crecimiento. Esta armonía entre intención, acción y vibración energética potencializa la manifestación de objetivos y la construcción de una vida plena.

Al integrar los cristales en tu jornada, no apenas como objetos decorativos, sino como aliados energéticos, abres espacio para que la prosperidad fluya naturalmente. Este equilibrio entre el mundo material y el espiritual permite acceder a nuevas posibilidades, transformar desafíos en aprendizaje y vivir con más confianza y propósito. Cada cristal elegido, programado y cuidado con intención se torna un compañero silencioso, pero poderoso, en la construcción de una vida rica en abundancia, armonía y realización.

Al profundizar esta conexión con los cristales, es importante recordar que la verdadera abundancia no se limita apenas a los bienes materiales, sino que también en globo la plenitud emocional, espiritual y mental. La energía emanada por los cristales favorece no solo la manifestación de riquezas tangibles, sino también la expansión de la consciencia y el fortalecimiento del autoconocimiento. Al cultivar una mentalidad abierta y receptiva, alineada con las energías de los cristales, se crea un flujo continuo de oportunidades, donde la prosperidad se manifiesta de forma natural y equilibrada en todas las áreas de la vida.

Además, el uso consciente de los cristales inspira prácticas diarias de gratitud y presencia, elementos esenciales para mantener la vibración elevada y atraer experiencias positivas. Este proceso incentiva al individuo a reconocer y valorar las pequeñas conquistas diarias, creando una base sólida para realizaciones mayores. La armonía entre intención, acción y la energía de los cristales fortalece el camino para una vida más abundante, donde cada elección refleja un compromiso con el crecimiento personal y con la creación de un ambiente próspero y equilibrado.

Así, al integrar los cristales en tu jornada, no apenas como herramientas, sino como verdaderos aliados energéticos, abres espacio para que la abundancia fluya con ligereza y propósito. Este equilibrio entre el mundo material y el espiritual permite acceder a nuevas posibilidades, transformar desafíos en aprendizajes y construir una realidad pautada por la confianza, armonía y prosperidad continua.

Capítulo 13
Aromaterapia Vibracional

La aromaterapia vibracional potencia el equilibrio físico, emocional y energético a través del uso consciente de aceites esenciales, que cargan la fuerza vital de las plantas. Estos compuestos naturales, extraídos de flores, raíces, cortezas y hojas, actúan directamente en la armonización del cuerpo y la mente, elevando la frecuencia vibracional y facilitando la manifestación de la abundancia en diversas áreas de la vida. La interacción entre los aromas y el sistema límbico del cerebro desencadena respuestas positivas que promueven el bienestar, desbloquean patrones limitantes y estimulan el flujo energético, permitiendo el alineamiento con estados de prosperidad, amor y paz interior. Así, la aromaterapia vibracional se presenta como una práctica transformadora, capaz de integrar la sabiduría de la naturaleza al equilibrio emocional y espiritual.

Los aceites esenciales poseen propiedades únicas que reverberan en diferentes aspectos de la existencia, siendo capaces de influenciar emociones, pensamientos y comportamientos. Cuando se aplican con intención, estos aceites sintonizan la mente con la energía de prosperidad, salud y realización personal. El aceite de naranja dulce, por ejemplo, es reconocido por su vibración de alegría y expansión, disolviendo bloqueos emocionales y despertando la creatividad, mientras que el aceite de lavanda promueve calma y equilibrio emocional, creando un ambiente interno propicio al crecimiento personal. Esta conexión directa entre aroma y vibración energética transforma la aromaterapia vibracional en una herramienta eficaz para atraer abundancia, desbloquear potenciales y favorecer el flujo de oportunidades.

Al integrar la aromaterapia vibracional a la rutina diaria, es posible fortalecer la conexión entre cuerpo, mente y energía, potenciando resultados en diversas áreas de la vida. La práctica va más allá de la simple inhalación de aromas agradables; se trata de un proceso consciente de alinear pensamientos, emociones e intenciones con la energía vital de la naturaleza. La aplicación de los aceites esenciales, ya sea por inhalación, masajes, baños o difusores, crea un campo vibracional elevado, favoreciendo la armonía interior y atrayendo experiencias alineadas con deseos de prosperidad y realización. Así, la aromaterapia vibracional se consolida como un camino natural y poderoso para transformar la energía personal, abrir espacio para nuevas posibilidades y vivir de forma más plena y abundante.

Imagínese caminando por un vasto jardín, donde el aire está impregnado por el perfume de las flores que balancen suavemente con el viento. Cada respiración profunda trae consigo una sensación de serenidad y vitalidad, como si la propia naturaleza susurrara secretos de equilibrio y renovación. Este ambiente no solo relaja, sino que también revigora, despertando una energía sutil y poderosa que recorre todo el cuerpo. Así como este paseo entre flores perfumadas, el uso de los aceites esenciales en la aromaterapia vibracional actúa de forma similar, elevando la vibración energética, equilibrando las emociones y abriendo caminos para que la abundancia se manifieste de manera fluida y natural.

La conexión entre los aceites esenciales y la frecuencia de la abundancia es profunda e intuitiva. Cada esencia carga una vibración única que interactúa directamente con diferentes aspectos de la vida. Al utilizar estos aceites con intención clara y propósito definido, se crea un puente energético entre el deseo y su realización. Es como sintonizar una estación de radio específica: al ajustar la frecuencia correcta, la música fluye sin interferencias. Así, al elegir un aceite esencial alineado con aquello que se busca manifestar —ya sea prosperidad, salud, amor o paz interior—, la energía alrededor comienza a reorganizarse para apoyar esos objetivos.

Entre los muchos aceites esenciales disponibles, algunos son especialmente conocidos por su capacidad de atraer abundancia. El aceite esencial de naranja dulce, con su aroma cítrico y vibrante, es una verdadera invitación a la alegría y al entusiasmo. Su fragancia tiene el poder de disolver bloqueos emocionales y estimular la creatividad, permitiendo que nuevas ideas y oportunidades florezcan con ligereza. Al inhalar su aroma o aplicarlo sobre la piel, es como si una ola de positividad y energía expansiva invadiera el ambiente, creando espacio para el flujo natural de la prosperidad.

La intensidad cálida del aceite esencial de canela, por su parte, despierta una fuerza vital ardiente. Su vibración potente fortalece la autoconfianza y la determinación, creando un campo energético propicio para el crecimiento financiero y el éxito en los negocios. El aroma marcante de la canela es como una llama que incendia la motivación, impulsando la acción y atrayendo oportunidades de prosperidad material. Esta energía vibrante es ideal para momentos en que es necesario tomar decisiones audaces o buscar expansión profesional.

Con su aroma terroso y profundo, el aceite esencial de pachulí invita a la conexión con la energía de la Tierra. Esta esencia promueve estabilidad y seguridad, fundamentales para transformar deseos en realidad concreta. La sensación de enraizamiento proporcionada por el pachulí fortalece la base emocional, permitiendo que proyectos y sueños sean construidos con solidez. Su vibración, densa y acogedora, crea un ambiente interno de confianza y resistencia, facilitando la materialización de objetivos.

El jengibre, con su aroma caliente y picante, trae una energía vibrante que inspira coraje e iniciativa. Este aceite esencial actúa como un impulso para la acción inmediata, disolviendo miedos y hesitaciones que puedan estar bloqueando el camino para la prosperidad. Su presencia energética incentiva a salir de la zona de confort y enfrentar desafíos con determinación, abriendo puertas para nuevas oportunidades en todas las áreas de la vida.

El frescor herbal del aceite esencial de albahaca aclara la mente y agudiza el foco. Su influencia mental proporciona una lucidez que facilita la toma de decisiones asertivas, esenciales para el éxito en negocios y proyectos. Este estado de claridad mental y equilibrio emocional crea condiciones ideales para que la prosperidad financiera se manifieste de forma consistente y sostenible. La albahaca, con su energía leve y revitalizante, auxilia en la superación de obstáculos mentales, permitiendo que las ideas fluyan con claridad y objetividad.

Por último, el aceite esencial de ylang ylang, con su fragancia floral y exótica, promueve amor propio y autoconfianza. Su esencia suave abre el corazón para relaciones armoniosas y fortalece la conexión con la abundancia emocional y material. Al envolverse en este aroma delicado, se percibe una invitación a la entrega y al flujo del amor en todas sus formas. Esta energía amorosa y receptiva facilita el recibimiento de prosperidad, permitiendo que el amor y la abundancia fluyan libremente.

Integrar estos aceites esenciales en la rutina diaria puede ser una experiencia profundamente transformadora. La inhalación directa, por ejemplo, proporciona efectos inmediatos, ya sea al respirar profundamente el aroma directamente del frasco o al utilizar un difusor para esparcir la fragancia por el ambiente. Este simple acto de respirar un aroma intencionalmente puede alterar estados emocionales y elevar la vibración energética, creando un espacio propicio para el bienestar y la realización de metas.

Los masajes con aceites esenciales son otra forma poderosa de incorporar estos beneficios. Al diluir algunas gotas en un aceite vegetal portador y aplicar en la piel con movimientos suaves, no solo se relaja la musculatura, sino que también se facilita la absorción de las propiedades terapéuticas de la esencia. Este contacto directo con el cuerpo intensifica la conexión entre mente, emoción y energía vital, promoviendo equilibrio y estimulando el flujo de prosperidad.

Transformar el baño en un ritual de autocuidado también potencia los efectos de la aromaterapia vibracional. Al añadir gotas de aceite esencial diluidas en aceite vegetal o miel al agua caliente, el vapor aromático envuelve el cuerpo, proporcionando relajación profunda y renovación energética. Este momento íntimo se convierte en una oportunidad de purificación, donde las tensiones son disueltas e intenciones de abundancia son fortalecidas.

Las compresas aromáticas ofrecen un cuidado dirigido y eficaz. Aplicar un paño embebido en agua aromatizada con aceites esenciales sobre áreas específicas del cuerpo ayuda a aliviar dolores, reducir tensiones y desbloquear puntos energéticos. Este método simple intensifica el equilibrio físico y emocional, creando un campo vibracional alineado con la prosperidad.

El uso de aromatizadores personales, como collares y pulseras de difusión, permite cargar la energía de los aceites esenciales a lo largo del día. Aplicar pequeñas gotas en estos accesorios crea una conexión constante con las intenciones de equilibrio emocional y abundancia. Así, incluso en medio de la correría cotidiana, es posible mantenerse centrado y alineado con sus propósitos.

Para potenciar aún más los efectos de la aromaterapia vibracional, es fundamental elegir aceites esenciales de alta calidad. Optar por productos puros, libres de aditivos y provenientes de marcas comprometidas con prácticas sostenibles, garantiza la integridad de las propiedades terapéuticas. La dilución adecuada en aceites portadores asegura seguridad en el uso tópico, evitando irritaciones y promoviendo una absorción eficaz.

Más importante aún es el uso consciente e intencional de los aceites. Mentalizar objetivos específicos durante la aplicación amplía la frecuencia vibracional, creando una sinergia entre pensamientos, emociones y la energía de las esencias. Combinar diferentes aceites que se complementan también potencia sus efectos, creando una vibración aún más fuerte y dirigida.

Al permitir que cada aroma guíe intuitivamente el proceso de autoconocimiento y transformación, la aromaterapia vibracional se convierte en una herramienta poderosa de reconexión con la propia esencia. Incorporar esta práctica con propósito abre un portal para experiencias más ricas y auténticas, permitiendo que la abundancia fluya de manera natural y armoniosa en todos los aspectos de la vida.

Al profundizar la práctica de la aromaterapia vibracional, es esencial cultivar una conexión intuitiva con los aceites esenciales, permitiendo que cada aroma guíe el proceso de autoconocimiento y transformación. Este vínculo íntimo con las fragancias naturales no solo potencia sus beneficios energéticos, sino que también despierta una escucha sensible a las necesidades del cuerpo y del alma. Al reconocer cuáles esencias resuenan más intensamente en diferentes momentos de la vida, se hace posible ajustar la práctica de forma personalizada, respetando el flujo natural de las emociones e intenciones.

Además, integrar rituales simples en lo cotidiano, como momentos de meditación con difusores o la creación de ambientes sagrados con aromas específicos, amplía el poder vibracional de los aceites esenciales. Estos pequeños gestos de cuidado consigo mismo cultivan un espacio interno de claridad y receptividad, facilitando la manifestación de deseos y metas. La combinación de intención consciente con el uso de los aceites esenciales fortalece la sintonía con la abundancia universal, promoviendo una jornada de crecimiento continuo y equilibrio pleno.

Así, la aromaterapia vibracional se revela más que una práctica de bienestar: es un camino de reconexión con la esencia de la vida, donde cada aroma carga un mensaje de la naturaleza para nutrir cuerpo, mente y espíritu. Al incorporar esta sabiduría ancestral con presencia y propósito, se abre un portal para experiencias más ricas y auténticas, permitiendo que la abundancia fluya de manera natural y armoniosa en todos los aspectos de la existencia.

Capítulo 14
Feng Shui para la Prosperidad

El Feng Shui es una práctica profundamente enraizada en la sabiduría milenaria china, reconocida por su capacidad de transformar ambientes en espacios de equilibrio y armonía. Al aplicar sus principios, es posible ajustar la energía de los ambientes de forma a favorecer el flujo del Chi, la energía vital responsable por nutrir todas las áreas de la vida. Esta arte busca promover la integración armoniosa entre el ser humano y el espacio a su alrededor, influenciando positivamente aspectos como prosperidad, salud, amor y bienestar. A través de ajustes sutiles en la disposición de muebles, elección de colores, inclusión de elementos naturales y remoción de bloqueos energéticos, el Feng Shui ofrece herramientas prácticas y eficaces para atraer abundancia y oportunidades. Cada detalle en el ambiente es tratado como una pieza fundamental para crear un flujo de energía continuo y positivo, capaz de reflejar y amplificar intenciones de crecimiento y éxito.

La armonía del espacio físico está directamente conectada al equilibrio emocional y financiero. Cuando la energía circula libremente y sin obstáculos, la casa o el ambiente de trabajo se convierte en un reflejo de estabilidad y prosperidad. Elementos como plantas saludables, iluminación adecuada y objetos simbólicos de riqueza son utilizados de forma estratégica para fortalecer esta conexión. La disposición organizada de los muebles, la elección consciente de los colores y la integración de elementos naturales son aspectos que transforman el ambiente en un canal de atracción para buenas oportunidades. Así, el Feng Shui no solo embellece los espacios, sino que también los alinea energéticamente con objetivos claros de prosperidad y realización personal.

Al comprender la interacción entre los elementos naturales y el espacio físico, se hace posible crear ambientes que estimulan la motivación, la creatividad y el equilibrio emocional. Cada ajuste hecho con intención, ya sea en la entrada de la casa, en la elección de objetos decorativos o en la disposición de los muebles, influencia directamente la calidad de la energía que circula. El Feng Shui ofrece un camino práctico y accesible para quien busca alinear su vida material y emocional con el flujo natural de abundancia. Así, al transformar el ambiente en un espacio acogedor y vibrante, es posible abrir puertas para nuevas posibilidades y alcanzar un estado de bienestar pleno, donde prosperidad y equilibrio caminan lado a lado.

Imagine su casa como un organismo vivo, pulsante y lleno de energía, donde cada habitación desempeña un papel esencial en la armonía general. La energía vital, conocida como "Chi" en el Feng Shui, recorre libremente los espacios, nutriendo cada ambiente e influenciando directamente el bienestar y la prosperidad de los moradores. Así como la sangre circula por el cuerpo, llevando nutrientes y vitalidad, el Chi fluye por las habitaciones, distribuyendo equilibrio y abundancia. Sin embargo, este flujo puede ser interrumpido por bloqueios energéticos causados por desorden, objetos rotos o disposición inadecuada de los muebles. El Feng Shui enseña a identificar estos bloqueos y a transformarlos, creando un flujo de energía positivo y continuo que favorece el crecimiento, la prosperidad y el bienestar en todas las áreas de la vida.

En el Feng Shui, la energía de la prosperidad está íntimamente ligada al elemento madera, símbolo de crecimiento, renovación y expansión. Para activar esta energía en casa, es esencial crear un ambiente que permita que el Chi fluya sin obstáculos. La organización y la limpieza son los primeros pasos en este proceso. Espacios desordenados acumulan energía estancada, dificultando el flujo de oportunidades. Al eliminar objetos rotos, artículos sin uso y excesos innecesarios, usted abre espacio para que la energía circule libremente. Ambientes aireados y organizados funcionan como canales por donde la energía de la prosperidad puede entrar y expandirse. Cada objeto en casa carga una vibración que influencia el estado emocional y la vida financiera, por eso, cuidar de cada detalle es esencial para crear un ambiente próspero.

Los colores también desempeñan un papel fundamental en la armonización de los espacios y en la atracción de la prosperidad. Tonos de verde representan crecimiento y renovación, mientras que el azul transmite serenidad y equilibrio emocional. Ambos están relacionados al elemento madera y son poderosos activadores de energía de abundancia. Añadir toques de negro o azul oscuro complementa este flujo, pues estos tonos representan el elemento agua, que nutre la madera y estimula la prosperidad. Paredes pintadas en verde suave, cojines azules u objetos decorativos en estas tonalidades ayudan a crear un ambiente armonioso, capaz de potenciar el flujo energético. La combinación de estos colores debe ser hecha con equilibrio, siempre respetando la armonía general del espacio.

Las plantas vivas son símbolos naturales de vitalidad y crecimiento y desempeñan un papel esencial en la activación de la energía de prosperidad. Especies como el bambú de la suerte, la planta jade y el lirio de la paz son especialmente eficaces para atraer abundancia. Posicionarlas en el rincón izquierdo más alejado de la puerta de entrada —conocido como el sector de la riqueza— potencia su efecto. Las plantas deben ser saludables, bien cuidadas y recibir luz natural adecuada. Es importante evitar especies con hojas puntiagudas o espinosas, pues estas pueden generar una energía agresiva, comprometiendo el flujo positivo. El cuidado constante con las plantas simboliza la atención dedicada al crecimiento financiero y personal.

Los espejos son herramientas poderosas en el Feng Shui, capaces de expandir y redirigir el flujo de energía. Cuando están estratégicamente posicionados, reflejan la luz natural y duplican imágenes de prosperidad, simbolizando la ampliación de la abundancia. Sin embargo, deben ser utilizados con cautela. Evite colocarlos en frente a la puerta de entrada, pues pueden reflejar la energía positiva de vuelta hacia afuera. Prefiera posicionarlos de modo a reflejar paisajes agradables u objetos que simbolicen riqueza, como plantas saludables u obras de arte que evoquen prosperidad. Este simple ajuste amplía la sensación de expansión y armonía en el ambiente.

La introducción de objetos simbólicos de prosperidad es otra estrategia eficaz. Fuentes de agua en funcionamiento representan el flujo constante de dinero y oportunidades. Monedas chinas atadas con cintas rojas y estatuas del Buda de la prosperidad son símbolos tradicionales que evocan suerte y abundancia. Cuadros que retratan escenarios de abundancia, como paisajes verdes y campos fértiles, refuerzan visualmente la intención de atraer riqueza. Estos artículos deben ser colocados en lugares visibles e integrados armoniosamente a la decoración, sin exageros que puedan sobrecargar el ambiente. La elección de cada objeto debe reflejar una intención clara de atraer prosperidad y bienestar.

La puerta de entrada de la casa, en el Feng Shui, es considerada la "boca del Chi", por donde la energía vital penetra en el ambiente. Por eso, es fundamental que sea atractiva y esté siempre en buen estado. Se debe mantener limpia, con la pintura conservada y manijas funcionales. Iluminación adecuada y elementos decorativos como campanas de viento o jarrones de plantas pueden hacer la entrada más acogedora. Obstáculos como muebles o jarrones que bloqueen el camino deben ser evitados, pues impiden que la energía de prosperidad fluya libremente hacia dentro de casa. Un felpudo nuevo y bien cuidado también simboliza bienvenida y potencia el flujo energético.

El sector de la prosperidad, localizado en el rincón izquierdo más alejado de la entrada principal, merece atención especial. Decorar este espacio con objetos dorados, piedras como pirita o citrino y una iluminación suave ayuda a activar la energía de la abundancia. Plantas vibrantes, cuadros con imágenes de éxito y elementos que representen riqueza completan la composición ideal de este rincón. La integración de colores vivos, materiales naturales y símbolos de abundancia crea un ambiente poderoso para atraer crecimiento financiero y nuevas oportunidades.

En la cocina, considerada el corazón de la casa y un importante centro de prosperidad, la limpieza y la organización son fundamentales. La estufa debe estar siempre limpia y con todas las hornillas funcionando, representando múltiples fuentes de ingreso. Un frutero lleno de frutas frescas simboliza abundancia, mientras que el uso de colores como rojo, dorado o verde en las decoraciones refuerza la energía de abundancia. Electrodomésticos dañados deben ser reparados o sustituidos, pues representan bloqueos financieros. La atención a los detalles en la cocina se refleja directamente en la fluidez de la prosperidad en el hogar.

El comedor, como espacio de convivencia y compartir, también influencia la prosperidad familiar. Mesas redondas u ovaladas son preferibles, pues facilitan el flujo de energía y promueven la armonía. Un arreglo central con frutas o flores naturales simboliza abundancia y vitalidad. Espejos estratégicamente posicionados pueden duplicar la imagen de la mesa servida, amplificando simbólicamente la abundancia. La iluminación debe ser suave y acogedora, creando un ambiente agradable para momentos de celebración y unión.

Para quien busca prosperidad profesional, la oficina debe ser un ambiente organizado e inspirador. El escritorio debe estar en la posición de comando, permitiendo la visión de la puerta sin estar directamente alineado a ella, transmitiendo seguridad y control. Una silla cómoda, pocos artículos sobre la mesa y el uso de plantas pequeñas traen vitalidad. Objetos de decoración como globos terráqueos, imágenes de éxito o detalles dorados refuerzan la energía de crecimiento y realización.

Por último, cuidar de la cartera y de las finanzas personales también forma parte de la práctica del Feng Shui. Mantener la cartera organizada, con billetes alineados y sin papeles innecesarios, simboliza respeto por el dinero. Optar por colores como verde, dorado o rojo potencia la atracción de prosperidad. Guardar dentro de ella símbolos de riqueza, como monedas chinas o billetes doblados, fortalece el flujo de abundancia.

Con estos cuidados y ajustes, el Feng Shui se transforma en una herramienta poderosa para armonizar ambientes y abrir camino para el éxito. Cada detalle ajustado con intención fortalece la conexión con la prosperidad, permitiendo que la energía fluya libremente y traiga equilibrio, bienestar y crecimiento continuo.

Mantener la energía de la prosperidad activa exige constancia y atención a los detalles del día a día. Pequeños hábitos diarios, como abrir las ventanas por la mañana para renovar el aire, encender inciensos suaves o reorganizar objetos conforme la necesidad, refuerzan el flujo positivo del Chi. Además, la práctica de gratitud genuina por los bienes y logros ya alcanzados crea un campo vibracional propicio para nuevas oportunidades. Este equilibrio entre acciones prácticas e intención mental fortalece la conexión con la abundancia, haciendo que el ambiente no solo sea bonito, sino también un verdadero imán de prosperidad.

Es importante recordar que cada ajuste hecho en el ambiente debe reflejar su personalidad y sus objetivos. El Feng Shui no es solo una fórmula rígida, sino una práctica que debe ser adaptada a su realidad, respetando su gusto personal y contexto de vida. Así, cada elección, desde la disposición de muebles hasta la selección de símbolos de riqueza, debe cargar significado e intención. Al personalizar los espacios con consciencia, usted crea un ambiente auténtico, donde la energía circula libremente y se alinea a sus deseos de crecimiento y realización.

Con estos principios integrados a su día a día, la prosperidad deja de ser solo un concepto distante y se manifiesta de forma concreta en su vida. El Feng Shui, cuando se aplica con sensibilidad y propósito, transforma el hogar en un reflejo claro de sus sueños y metas, ampliando el potencial de éxito en todas las áreas. De esta forma, la armonía entre ambiente, mente y espíritu se convierte en la base sólida para un camino de abundancia continua y bienestar duradero.

Capítulo 15
Música y Frecuencias

La música ejerce una influencia profunda y directa sobre la mente, el cuerpo y el espíritu, funcionando como un puente natural entre las emociones humanas y las vibraciones del universo. Cada sonido, ritmo y melodía lleva una frecuencia específica capaz de interactuar con nuestros estados emocionales y energéticos, promoviendo el equilibrio, el bienestar y la transformación personal. Cuando se utiliza de forma intencional, la música se convierte en una herramienta poderosa para elevar la vibración interna, restaurar la armonía de los centros energéticos y fortalecer la conexión con la abundancia presente en todas las áreas de la vida. Esta interacción sonora no se limita al entretenimiento, sino que se expande como un medio eficaz de alinear pensamientos y sentimientos con las energías positivas que favorecen la prosperidad y la realización personal.

Los sonidos musicales, cuando se eligen con un propósito, tienen el poder de crear atmósferas propicias para la relajación, la concentración y el crecimiento emocional. La combinación de notas, acordes y ritmos puede estimular estados de calma profunda o motivar acciones concretas, dependiendo de la frecuencia en que vibran. Así, explorar diferentes géneros musicales y sonidos naturales permite ajustar la vibración interna según las necesidades del momento, ya sea para calmar la mente agitada, inspirar la creatividad o atraer experiencias positivas. La conexión consciente con estos sonidos potencia la energía vital, favoreciendo la claridad mental, la salud emocional y la armonía espiritual.

Al integrar la música en la vida cotidiana de manera atenta y dirigida, se crea un ambiente vibracional favorable a la manifestación de deseos y objetivos. Este proceso implica escuchar composiciones que resuenen con sentimientos de gratidão, alegría y paz, ampliando el flujo de energías positivas. Canciones con letras inspiradoras, melodías suaves o ritmos envolventes refuerzan creencias constructivas y desbloquean patrones limitantes, permitiendo que la energía de la abundancia fluya naturalmente. Así, la música se revela no solo como arte, sino como un recurso esencial para nutrir el alma, expandir la conciencia y atraer prosperidad en todos los aspectos de la vida.

Imagine una orquesta sinfónica tocando en perfecta armonía. Cada instrumento, con su melodía y ritmo únicos, contribuye a la creación de una sinfonía grandiosa que emociona e inspira a quien la escucha. Así como una orquesta se equilibra mediante la combinación de sonidos, la música puede ser utilizada como una poderosa herramienta para armonizar los centros energéticos del cuerpo, calmar la mente y atraer prosperidad y bienestar. Las vibraciones sonoras recorren nuestro ser, alineando emociones, pensamientos y energías, creando un flujo continuo de equilibrio y expansión. Cuando nos conectamos de forma consciente con estas frecuencias musicales, abrimos camino para transformar nuestras emociones y sintonizar con estados de abundancia y realización.

La música, cuando se asocia a la Ley de la Atracción, se vuelve aún más potente. Según este principio, "semejante atrae a semejante", lo que significa que vibramos en la frecuencia de las experiencias y situaciones que atraemos a nuestra vida. Cada música posee una vibración propia, y al elegir melodías que resuenen con la energía de la prosperidad, pasamos a sintonizar con oportunidades y circunstancias alineadas con este estado. Canciones con letras positivas y ritmos alegres vibran en las frecuencias de la alegría, la gratitud y el crecimiento. Por otro lado, melodías suaves y relajantes se alinean con las vibraciones de paz, armonía y equilibrio. Así, la selección consciente de músicas no solo influye en el humor, sino que también puede transformar nuestra realidad al atraer energías que impulsan nuestros objetivos.

Diversos estilos musicales son especialmente eficaces para elevar la vibración y atraer la abundancia. La música clásica, por ejemplo, ha sido valorada durante siglos por sus composiciones armoniosas y complejas. Obras de Mozart, Bach y Beethoven llevan frecuencias elevadas que promueven la claridad mental, el equilibrio emocional y la serenidad. Escuchar una sinfonía o un concierto de piano puede despertar la creatividad y estimular el foco, proporcionando un ambiente interno propicio para la manifestación de deseos. Estas músicas no solo encantan los sentidos, sino que también actúan como estímulos para la expansión de la mente y del espíritu.

Las músicas instrumentales, a su vez, ofrecen una experiencia sonora pura y acogedora. Sin la influencia de palabras, melodías creadas por instrumentos como el piano, el violín, la flauta y el arpa calman la mente y reducen el estrés, ampliando la conexión con la energía de la abundancia. Estos sonidos son ideales para momentos de introspección, meditación o estudio, creando un espacio vibracional sereno y propicio para el flujo de ideas y sentimientos positivos. El sonido suave de un arpa o las notas delicadas de un piano pueden disolver tensiones y abrir camino para una sensación de paz y plenitud.

Los mantras son otro recurso poderoso. Compuestos por sonidos sagrados repetidos de forma continua, los mantras llevan frecuencias capaces de silenciar la mente y alinear las energías del cuerpo. El simple sonido "Om" o mantras en sánscrito activan centros energéticos y crean una atmósfera de introspección y conexión espiritual. Integrar mantras a la rutina diaria es una forma eficaz de sintonizarse con frecuencias elevadas, facilitando la manifestación de prosperidad y bienestar. Al repetir estos sonidos, creamos un campo vibracional que fortalece la mente y calma el espíritu.

Además, músicas con letras inspiradoras y mensajes positivos tienen el poder de nutrir la mente con pensamientos constructivos. Canciones que hablan sobre amor propio, superación y conquistas refuerzan creencias que favorecen el flujo de abundancia. Al escuchar o cantar estas canciones, internalizamos sus mensajes, elevando nuestra vibración y creando un ambiente interno favorable para el éxito. La energía de estas canciones estimula la confianza y la motivación, influenciando directamente la forma en que enfrentamos desafíos y buscamos nuestros objetivos.

Los sonidos de la naturaleza también desempeñan un papel fundamental en la armonización energética. El sonido de las olas del mar, el canto de los pájaros o la suavidad de la lluvia evocan la conexión con el ciclo natural de la vida. Estas vibraciones naturales promueven la relajación profunda y la renovación energética, ayudando a calmar la mente y restaurar el equilibrio emocional. Incorporar estos sonidos al día a día, ya sea mediante grabaciones o vivencias directas, es una forma de reconectarse con la esencia de la naturaleza y absorber su energía vital.

Para potenciar el impacto de la música en la manifestación de la abundancia, es esencial escucharla con intención. Antes de iniciar una música, reserve un momento para cerrar los ojos, respirar profundamente y definir una intención clara. Visualice aquello que desea atraer y permita que las vibraciones sonoras alineen sus energías con ese propósito. Este simple gesto transforma la experiencia de escuchar música en un poderoso ejercicio de manifestación, donde cada nota actúa como un canal para concretar sus deseos.

Cantar junto con la música también amplifica sus vibraciones. Al vocalizar letras positivas con entusiasmo, usted integra la energía de la música a su campo vibracional. No importa la técnica vocal o la afinación, sino la autenticidad y la emoción transmitidas. Este acto de expresión libera emociones, disuelve bloqueos y refuerza la sintonía con la prosperidad. Permitirse cantar libremente es abrir espacio para que la energía fluya y fortalezca la conexión con sus objetivos.

Bailar al son de la música es otra forma de integración energética. El movimiento del cuerpo en sintonía con la melodía ayuda a liberar tensiones y bloqueos emocionales. La danza espontánea, sin reglas o pasos predefinidos, permite que el cuerpo se exprese libremente, creando un flujo continuo de energía positiva. Este movimiento natural fortalece la armonía entre cuerpo, mente y espíritu, potenciando la atracción de abundancia de manera ligera y placentera.

Crear una playlist de la abundancia es una práctica simple, pero muy eficaz. Seleccione músicas que evoquen alegría, gratitud y prosperidad. Incluya canciones con letras inspiradoras, melodías vibrantes y ritmos que le motiven. Escuchar esta playlist diariamente, especialmente al iniciar el día o durante momentos de creación, ayuda a mantener su vibración elevada y alineada con sus objetivos. Esta selección musical personalizada se convierte en un recurso constante de inspiración y alineamiento energético.

Integrar música en rituales de manifestación también potencia los resultados. Durante prácticas de visualización creativa, afirmaciones positivas o meditaciones, elija bandas sonoras que refuercen su intención. La música crea un ambiente emocionalmente envolvente, haciendo estos momentos más profundos y eficaces. Este soporte sonoro amplía la conexión con sus deseos, facilitando la materialización de sueños y metas.

Por último, compartir música con personas queridas amplía la energía positiva. Compartir canciones que le inspiran fortalece vínculos afectivos y crea momentos de conexión y alegría. La música, como lenguaje universal, une a las personas y esparce vibraciones elevadas. Organizar encuentros musicales o simplemente enviar una canción significativa puede ser un gesto poderoso para nutrir relaciones y expandir la energía de la abundancia en su círculo social.

Al comprender la música como una herramienta de transformación, pasamos a utilizarla de forma más consciente y estratégica. Cada nota lleva el poder de moldear emociones, desbloquear energías y alinear intenciones con aquello que deseamos manifestar. Incorporar estos sonidos en momentos de introspección, celebración o simple relajación nos conecta con un flujo continuo de bienestar, creatividad y prosperidad. Así, la música se convierte en un enlace entre el mundo material y el espiritual, conduciéndonos con ligereza y propósito hacia una vida plena y abundante.

Cuando comprendemos la música como una herramienta de transformación, pasamos a utilizarla de forma más consciente y estratégica en nuestra jornada de autoconocimiento y evolución. Cada nota, cada latido, lleva consigo el poder de moldear emociones, desbloquear energías y alinear intenciones con aquello que deseamos manifestar. Al explorar sonidos que resuenan con nuestros objetivos y estados emocionales, creamos un ambiente interno propicio para el florecimiento de la creatividad, la salud emocional y la prosperidad. Así, la música se convierte en un nexo entre el mundo material y el espiritual, guiándonos suavemente hacia una vida más plena y armoniosa.

Esta integración sonora no exige grandes rituales o cambios radicales en la rutina; pequeños gestos, como escuchar una melodía tranquila al despertar o elegir una canción inspiradora durante el trabajo, pueden generar impactos significativos. La clave está en la intención con la que nos conectamos a estos sonidos y en la sensibilidad de percibir cómo afectan nuestra vibración. Al hacer de la música una aliada constante, desarrollamos la capacidad de recalibrar nuestras energías ante los desafíos diarios, nutriendo una mentalidad más abierta, resiliente y alineada con el flujo natural de la abundancia.

Por lo tanto, cultivar una relación consciente con la música es permitirse navegar con más ligereza y propósito por los altibajos de la vida. Ya sea a través de sonidos de la naturaleza que calman, mantras que elevan el espíritu o ritmos vibrantes que despiertan la motivación, la música ofrece infinitas posibilidades de curación y expansión. Al abrir espacio para estas frecuencias en nuestra vida cotidiana, no solo embellecemos nuestros días, sino que también creamos una base sólida para vivir con más equilibrio, alegría y realización.

Capítulo 16
Meditación para la Abundancia

La meditación es una herramienta poderosa y accesible que permite cultivar la abundancia de forma consciente y profunda. A través del silencio interior y la conexión con el momento presente, esta práctica fortalece la capacidad de alinear pensamientos, emociones y acciones con la energía de la prosperidad. Al dedicar momentos diarios para aquietar la mente y nutrir la paz interior, se crea un espacio propicio para el flujo de oportunidades y realizaciones. Este estado de equilibrio facilita el reconocimiento de caminos que llevan al crecimiento personal, financiero y espiritual, permitiendo que la abundancia se manifieste de manera natural y constante.

Al integrar la meditación a la rutina, se desarrolla una percepción más clara de las metas y deseos, eliminando creencias limitantes y patrones de pensamiento negativos. Esta claridad mental abre puertas para elecciones más asertivas, fortaleciendo la confianza en la propia jornada y la conexión con recursos internos esenciales para el éxito. Con la mente tranquila y el corazón abierto, es posible percibir con más nitidez las oportunidades que surgen, además de mantener el foco y la motivación para transformar intenciones en resultados concretos. Este alineamiento interior crea un campo magnético favorable a la realización de objetivos y al alcance de una vida plena y próspera.

Además de proporcionar equilibrio emocional, la meditación también potencia la creatividad, la intuición y la resiliencia. Estos aspectos son fundamentales para enfrentar desafíos y adaptarse a nuevas circunstancias con sabiduría y confianza. El cultivo de este estado de presencia consciente permite acceder a soluciones innovadoras y caminos inexplorados, facilitando la construcción de una realidad alineada con sueños y objetivos. Así, la práctica meditativa se convierte en un puente entre el deseo de prosperar y la concretización de una existencia abundante, sustentada por el bienestar, la armonía y la realización personal.

Imagine un lago de aguas cristalinas. Cuando su superficie está agitada por vientos y olas, se vuelve imposible ver el fondo. Pero, cuando las aguas se calman, se revela la belleza oculta: las piedras, los peces y la profundidad serena. Así es la mente humana. La meditación funciona como ese proceso de calmar las aguas internas, silenciando la agitación de los pensamientos y permitiendo acceder a la claridad, la paz interior y la conexión con la abundancia que reside dentro de nosotros. En este estado de quietud, es posible percibir con nitidez los caminos que conducen al crecimiento personal, financiero y espiritual, abriendo espacio para que las oportunidades fluyan libremente.

Cuando meditamos, entramos en un estado de receptividad que nos alinea con la frecuencia de aquello que deseamos manifestar. La práctica constante nos coloca en armonía con la energía de la abundancia, convirtiéndonos en canales abiertos para que se manifieste en todas las áreas de la vida. Durante la meditación, visualizar sueños concretados, repetir afirmaciones positivas o simplemente sentir gratitud por lo que ya poseemos fortalece la conexión con la prosperidad. Este alineamiento vibracional potencia la materialización de metas y transforma deseos en realidad.

Entre los beneficios más notables de la meditación está la reducción del estrés y la ansiedad. El exceso de preocupaciones bloquea el flujo natural de la abundancia, creando resistencia mental y emocional. La práctica meditativa reduce significativamente los niveles de cortisol, la hormona del estrés, promoviendo el equilibrio emocional y una mente más ligera y clara. Este estado de calma interior no solo mejora el bienestar, sino que también facilita el reconocimiento de nuevas oportunidades y abre espacio para la toma de decisiones más acertadas.

La meditación también es una poderosa aliada para aumentar el foco y la concentración. Cuando la mente se libera de la dispersión de pensamientos, se vuelve más fácil mantener la atención plena en el presente y dirigir la energía mental hacia objetivos concretos. Esta claridad es fundamental para definir metas, trazar estrategias y persistir en los proyectos con disciplina. Con el foco mejorado, las decisiones se vuelven más asertivas, y el camino hacia la prosperidad se presenta con más nitidez.

Otro aspecto esencial de la meditación es la elevación de la vibración energética. Al entrar en estados profundos de serenidad, la frecuencia vibracional del cuerpo y de la mente se eleva, atrayendo experiencias y personas alineadas con la energía de la prosperidad. Cuanto más elevada sea esta vibración, más fácil se vuelve materializar objetivos. Este estado de alta frecuencia crea un campo magnético poderoso, donde pensamientos positivos e intenciones claras fluyen hacia la concretización de los sueños.

Además, la práctica meditativa libera el flujo creativo. En el silencio interior, nuevas ideas y soluciones innovadoras surgen naturalmente, favoreciendo la creación de proyectos y el desarrollo de estrategias que impulsan el éxito. Esta creatividad no se limita a las actividades artísticas, sino que se extiende a la resolución de problemas y a la identificación de caminos inexplorados. La mente abierta y tranquila es un terreno fértil para la innovación, factor esencial para alcanzar la prosperidad.

La meditación también profundiza la conexión con la intuición. Esta guía interna, muchas veces apagada por el ruido de los pensamientos, se vuelve más accesible cuando la mente está en calma. Las decisiones importantes pasan a ser tomadas con más seguridad, pues la intuición señala el camino más alineado con los objetivos. La confianza en los propios instintos fortalece la toma de decisiones y abre espacio para reconocer oportunidades antes invisibles.

En el aspecto físico, la meditación promueve la salud y la vitalidad. Los estudios demuestran que la práctica regular reduce la presión arterial, mejora la circulación sanguínea y fortalece el sistema inmunológico. Un cuerpo sano sustenta una mente equilibrada, y esta armonía integral crea la base ideal para que la energía de la abundancia fluya sin bloqueos. Cuidar del bienestar físico y mental es esencial para mantener el equilibrio necesario para prosperar.

Diversas técnicas de meditación pueden ser incorporadas para atraer la abundancia. La Meditación de la Gratitud es una de las más eficaces. En un ambiente tranquilo, basta con cerrar los ojos y concentrarse en la respiración. Poco a poco, traiga a la mente personas, situaciones y logros por los cuales está agradecido. Sienta la gratitud expandirse, envolviendo todo su ser como una luz suave. Esta energía crea un ciclo de reconocimiento y atracción de nuevas bendiciones.

Otra práctica poderosa es la Meditación de la Visualización. En ella, visualizamos con detalles los objetivos ya realizados. Imagínese viviendo la vida que desea, sienta las emociones de satisfacción y vea los ambientes a su alrededor. Cuanto más vívida sea la visualización, más fuerte será el vínculo con la frecuencia de la abundancia. Esta técnica inspira acciones concretas y dirigidas a materializar sueños.

La Meditación con Afirmaciones también potencia la conexión con la prosperidad. Elija frases como "Soy merecedor de una vida próspera" o "La abundancia fluye libremente hacia mí" y repítalas con convicción. Sentir el poder de cada palabra es esencial para disolver creencias limitantes y crear nuevas programaciones mentales. La repetición constante de estas afirmaciones refuerza la confianza en uno mismo y fortalece el camino hacia el éxito.

Para quienes buscan orientación, la Meditación Guiada es una excelente opción. Guiada por una voz suave y acompañada de música relajante, esta práctica conduce a estados profundos de relajación y conexión. Durante la meditación, se nos invita a visualizar escenarios de éxito, paz y prosperidad. Este proceso ayuda a la mente subconsciente a absorber las intenciones de abundancia y a manifestarlas en la realidad.

La Meditación con Mantras también es eficaz para elevar la vibración energética. Sentado cómodamente, elija un mantra poderoso, como "Om Shreem Maha Lakshmiyei Namaha" o "Yo soy abundancia". Inspire profundamente y entone el mantra, sintiendo su vibración recorrer su cuerpo. La repetición crea un flujo de energía que disuelve bloqueos y fortalece la sintonía con la prosperidad.

Para que la meditación sea eficaz, es importante crear un ambiente propicio. Elija un lugar tranquilo, donde pueda relajarse sin interrupciones. Un rincón especial de la casa, decorado con velas, cojines y aromas suaves, se convierte en un espacio sagrado para la práctica. Adoptar una postura cómoda, con la columna recta y el cuerpo relajado, facilita el flujo de energía. Concéntrese en la respiración, observando el aire entrar y salir de forma natural, y permita que los pensamientos pasen sin apego ni juicio.

Es esencial cultivar la paciencia y la persistencia. La meditación es un viaje continuo de autoconocimiento y transformación. No hay necesidad de prisa ni de presión. Cada práctica, por breve que sea, contribuye a fortalecer la conexión con la abundancia. La constancia transforma pequeños momentos de silencio en una poderosa palanca para una vida plena.

Incorporar la meditación en la rutina diaria transforma no solo la mente, sino también la forma en que vemos el mundo. Este proceso silencioso fortalece la autoconfianza y disuelve resistencias internas. Con cada respiración consciente, nos acercamos a la comprensión de que la prosperidad comienza dentro de nosotros y se refleja en cada elección y acción. Este equilibrio entre cuerpo, mente y espíritu crea el terreno fértil para la materialización de nuestros sueños.

Al persistir en la práctica meditativa, se construye una realidad basada en la abundancia, donde los deseos se transforman en conquistas y los desafíos son oportunidades de aprendizaje. La meditación, por lo tanto, no es solo un refugio, sino una fuente inagotable de fuerza e inspiración para vivir con propósito, equilibrio y realización.

Al incorporar la meditación como un hábito diario, usted gradualmente transforma su percepción sobre sí mismo y el mundo a su alrededor. Este proceso silencioso y profundo fortalece la confianza interior y disuelve resistencias que antes parecían insuperables. Con cada respiración consciente, se acerca a una realidad donde la abundancia no es solo un ideal distante, sino una expresión natural de su esencia. Con la mente abierta y el corazón receptivo, pasa a reconocer que la prosperidad comienza de adentro hacia afuera, reflejándose en cada aspecto de su vida.

Este viaje de autoconocimiento revela que la abundancia está directamente ligada al equilibrio entre cuerpo, mente y espíritu. Cuando cuida de su bienestar integral, crea un terreno fértil para que las ideas florezcan, las decisiones se tomen con sabiduría y las oportunidades se acojan con confianza. La meditación no solo calma la mente, sino que también expande la conciencia, permitiéndole comprender que es merecedor de todas las formas de prosperidad. Este estado de armonía interior impulsa sus acciones, haciendo que el camino hacia el éxito sea más claro y accesible.

Así, al persistir en la práctica meditativa y nutrir pensamientos positivos, construye una realidad basada en la abundancia y la plenitud. Cada momento de silencio se convierte en una oportunidad de alineamiento con el flujo natural del universo, donde los sueños se transforman en logros y los desafíos se convierten en aprendizaje. La meditación, por lo tanto, no es solo un refugio, sino una fuente inagotable de fuerza, claridad e inspiración para vivir de forma abundante y significativa.

Capítulo 17
Mantras Poderosos

Los mantras son instrumentos poderosos de transformación que canalizan energías positivas y elevan la frecuencia vibracional de quien los practica. Cada sonido, palabra o frase en sánscrito carga una energía específica, capaz de influenciar profundamente el cuerpo, la mente y el espíritu. La práctica regular de estos cánticos sagrados establece una conexión directa con fuerzas universales, activando centros energéticos internos y desbloqueando caminos para el bienestar y la prosperidad. La vibración generada por un mantra actúa de forma sutil y eficaz, armonizando pensamientos, emociones e intenciones, creando un ambiente propicio para la manifestación de deseos y metas. Así, el uso consciente y dedicado de los mantras se convierte en un puente entre el mundo interior y las oportunidades externas, promoviendo equilibrio, claridad y transformación personal.

Al entonar un mantra con atención plena, la mente se aquieta y la energía vital fluye con más libertad, disolviendo barreras internas y externas. Esta práctica no exige apenas repetición mecánica, sino la presencia total y la intención clara de alinearse con el propósito deseado. La vibración sonora generada resuena profundamente en el cuerpo, estimulando centros de energía, como los chakras, y promoviendo una sensación de paz y expansión. Esta experiencia no solo calma el flujo mental, sino que también despierta un estado de receptividad y apertura para nuevas posibilidades, atrayendo oportunidades, personas y circunstancias que vibran en la misma frecuencia de la intención cultivada. De esta forma, los mantras se transforman en aliados esenciales para quien busca crecimiento personal, equilibrio emocional y abundancia en todas las áreas de la vida.

Integrar la práctica de mantras a la rutina diaria es una manera eficaz de reforzar la conexión con el propio poder interior y con las fuerzas universales. Escoger conscientemente el mantra que más resuena con tus objetivos amplía la fuerza de la intención y potencializa los resultados. La regularidad en la entonación y la devoción sincera intensifican la energía emanada, creando una base sólida para la manifestación de sueños y proyectos. Así, cada palabra recitada se transforma en una semilla vibracional plantada en el campo energético, pronta para florecer en forma de realizaciones concretas. Este proceso continuo de alineamiento y expansión fortalece la autoconfianza y cultiva una sensación duradera de paz, prosperidad y realización personal.

Imagina un mantra como una llave capaz de abrir puertas invisibles, permitiendo que la energía del universo fluya libremente en tu vida. Cada sonido sagrado carga una vibración única que resuena con aspectos distintos de la existencia, activando centros energéticos, calmando la mente y creando caminos para la realización de sueños. Así como una melodía puede tocar profundamente el alma, un mantra entonado con intención clara y presencia total actúa como un guía silencioso, conduciéndote a estados más elevados de consciencia y alineando tu energía con la frecuencia de la abundancia.

La práctica constante de mantras es una forma eficaz de elevar la vibración personal. Cuando repetimos sonidos sagrados con devoción, creamos una resonancia energética capaz de armonizar cuerpo, mente y espíritu. Este alineamiento fortalece la conexión con fuerzas superiores y nos coloca en sintonía con oportunidades, personas y circunstancias que vibran en la misma frecuencia de nuestros deseos. Así, entonar mantras no es solo un ejercicio vocal, sino una práctica de profunda transformación interior que expande nuestra percepción y nos torna receptivos a la prosperidad.

Entre los mantras más poderosos para atraer abundancia está el Om Gam Ganapataye Namaha, una invocación a la energía de Ganesha, el removedor de obstáculos. Este mantra fortalece la capacidad de superar desafíos, desbloquear caminos y crear un ambiente favorable para el éxito. Al entonarlo con fe, se abre espacio para nuevas oportunidades y realizaciones, permitiendo que la energía fluya con más libertad en los proyectos personales y profesionales.

Otro mantra esencial es el Om Shrim Maha Lakshmyai Namaha, que conecta directamente a la diosa Lakshmi, símbolo de prosperidad y abundancia. Su repetición constante no solo atrae riqueza material, sino que también promueve equilibrio financiero y bienestar. Este mantra cultiva una energía de plenitud, donde la suerte y la armonía fluyen naturalmente, llenando la vida con prosperidad en diversos niveles.

Para quien busca fertilidad creativa y crecimiento en diversas áreas, el Om Vasudhare Svaha es una poderosa conexión con la diosa Vasudhara. Este mantra estimula la expansión de ideas y proyectos, fertilizando el terreno para el florecimiento de nuevas oportunidades. Su práctica regular promueve abundancia material, equilibrio espiritual e innovación, creando condiciones ideales para la concretización de metas.

El Om Kubera Lakshmi Namah une las fuerzas de Kubera, dios de la riqueza, y Lakshmi, diosa de la prosperidad, potencializando la atracción de ganancias materiales y éxito en los negocios. Al recitar este mantra, se desbloquean flujos financieros, se amplía la visión estratégica y se fortalece la base económica, creando estabilidad y crecimiento continuo.

El Om Namah Shivaya es uno de los mantras más poderosos para transformación personal. Reverenciando a Shiva, el dios de la destrucción y renovación, disuelve bloqueos mentales y emocionales, liberando la energía vital. Su práctica incentiva la valentía para cambios y abre espacio para la abundancia fluir de manera libre y natural, promoviendo evolución espiritual y realización personal.

Para usufructuar plenamente de los beneficios de estos mantras, es fundamental practicarlos con presencia e intención. El primer paso es escoger el mantra que más resuena con tus objetivos. Deja que tu intuición guíe esta elección, sintiendo cuál sonido despierta una conexión genuina con lo que deseas manifestar. En seguida, encuentra un ambiente tranquilo, libre de distracciones, donde puedas acomodarte confortablemente. Preparar este espacio con velas, inciensos u objetos simbólicos puede ayudar a crear una atmósfera de concentración y armonía.

Antes de iniciar la repetición, concéntrate en la respiración. Inspira profundamente por la nariz y expira lentamente por la boca, permitiendo que el cuerpo se relaje y la mente se aquiete. Esta preparación respiratoria es esencial para conectar verdaderamente con la vibración del mantra. Comienza a entonarlo en voz alta, en susurro o mentalmente, sintiendo la resonancia de cada sonido llenar tu ser. Un japamala (rosario de 108 cuentas) puede ser utilizado para acompañar las repeticiones y mantener el foco.

Mientras recitas, visualiza tus objetivos ya concretados. Imagina los detalles, siente las emociones de la realización y permite que esta visualización envuelva todo tu campo energético. Cuanto más vívida sea esta experiencia, más poderosa será la manifestación. Deja que la vibración del mantra recorra tu cuerpo, expandiéndose y armonizando tus energías, creando una conexión profunda con el flujo universal de la prosperidad.

La práctica constante es fundamental. Incorporar los mantras en la rutina diaria fortalece la conexión con la energía invocada. La repetición regular intensifica los efectos, creando un campo vibracional sólido y duradero. Sea por la mañana, para iniciar el día con foco y claridad, o antes de dormir, para calmar la mente y programar el subconsciente, la constancia trae resultados más profundos y eficaces.

Algunas dicas pueden potencializar aún más esta práctica. Pronunciar correctamente cada sílaba del mantra es esencial, pues cada sonido carga una vibración específica. Buscar orientaciones en grabaciones auténticas o fuentes confiables garantiza que la energía del mantra sea activada plenamente. Además, la intención es el alicerce de la práctica. Concéntrate profundamente en el propósito que deseas alcanzar, canalizando pensamientos y emociones para este objetivo.

La concentración plena durante la entonación mantiene la mente enfocada, alejando distracciones. Este estado meditativo profundo fortalece la conexión espiritual y potencializa los beneficios del mantra. La devoción verdadera, realizada con respeto y gratitud, intensifica esta conexión con las energías sagradas. Cada repetición se convierte en una ofrenda de fe, profundizando la experiencia espiritual.

Con el tiempo, la práctica dedicada de los mantras se transforma en un camino de autoconocimiento y expansión de la consciencia. La repetición constante no solo fortalece la conexión con energías superiores, sino que también revela potenciales ocultos, despertando talentos dormidos. Este proceso gradual disuelve patrones limitantes, permitiendo una visión más positiva y amplia de la vida. Los mantras dejan de ser solo herramientas de manifestación y se convierten en instrumentos de evolución espiritual y equilibrio emocional.

Además, la jornada con los mantras enseña la importancia de la paciencia y la entrega. No siempre los resultados son inmediatos, pero cada repetición planta una semilla que crece silenciosamente. La práctica continua desarrolla la confianza en el flujo de la vida, permitiendo que los desafíos sean vistos como oportunidades de aprendizaje. Esta entrega consciente abre espacio para sincronicidades, donde eventos se alinean perfectamente con deseos y metas, reforzando la fe en el poder de las palabras sagradas.

Al integrar los mantras a la rutina, se crea un ciclo continuo de renovación y equilibrio. Cada sonido entonado reverbera no solo en el cuerpo y la mente, sino que también transforma el ambiente, haciéndolo más ligero, armonioso y próspero. Así, los mantras se consolidan como aliados poderosos en la jornada de transformación personal, guiando al practicante hacia una vida más consciente, realizada y en perfecta armonía con el universo.

Con el tiempo, la práctica dedicada de los mantras se transforma en un verdadero camino de autoconocimiento y expansión de la consciencia. La repetición constante no solo fortalece la conexión con energías superiores, sino que también profundiza la comprensión de sí mismo, revelando potenciales ocultos y despertando talentos dormidos. Este proceso gradual permite que el practicante se libere de patrones limitantes y desarrolle una visión más amplia y positiva de la vida, alineándose con el flujo natural del universo. Así, los mantras se convierten no solo en herramientas de manifestación, sino también en instrumentos de evolución espiritual y equilibrio emocional.

Además, la jornada con los mantras enseña la importancia de la paciencia y la entrega. No siempre los resultados son inmediatos, pero cada repetición planta una semilla que crece silenciosamente, moldeando la realidad de acuerdo con la intención sembrada. La práctica continua trae una sensación de confianza en el proceso de la vida, permitiendo que el practicante acoja los desafíos como oportunidades de crecimiento. Esta entrega consciente abre espacio para la sincronicidad, donde acontecimientos aparentemente aleatorios se alinean perfectamente con los deseos y metas cultivados, reforzando la fe en el poder de las palabras sagradas.

Al integrar los mantras como parte esencial de la rutina, se crea un ciclo constante de renovación y equilibrio. Cada sonido entonado reverbera no solo en el cuerpo y la mente, sino también en el ambiente alrededor, transformando el cotidiano en un espacio más ligero, armonioso y próspero. Esta práctica continua establece una base sólida para la construcción de una vida plena, donde la abundancia fluye naturalmente y los desafíos son enfrentados con sabiduría y serenidad. Así, los mantras se consolidan como aliados poderosos en la jornada de transformación personal, guiando al practicante hacia una existencia más consciente, realizada y en perfecta armonía con el universo.

Capítulo 18
Mudras Sagradas

Los mudras son gestos poderosos con las manos que actúan directamente en la armonización de la energía vital (prana), promoviendo equilibrio físico, mental y espiritual. Su práctica milenar en tradiciones como el yoga y la meditación revela un profundo conocimiento sobre la conexión entre cuerpo y energía, siendo capaces de desbloquear flujos energéticos, activar chakras y potencializar estados de bienestar y abundancia. Cada gesto carga un significado específico, funcionando como un canal directo para manifestar prosperidad, salud, amor y paz interior. Al practicar mudras con intención clara y consciencia plena, se crea un puente entre el mundo interno y las fuerzas universales, permitiendo que la energía fluya libremente y alinee el ser con sus objetivos más profundos.

Las manos, cuando posicionadas de manera precisa en los mudras, se convierten en instrumentos eficaces para direccionar y amplificar la energía sutil que circula por el cuerpo. Este proceso fortalece la conexión con la propia esencia y con el campo energético alrededor, disolviendo bloqueos y despertando potenciales latentes. La práctica regular de los mudras no solo nutre la vitalidad física, sino que también expande la percepción emocional y espiritual, creando una base sólida para transformar pensamientos y sentimientos en acciones concretas. Esta integración armoniosa entre intención y energía potencializa la manifestación de resultados positivos, permitiendo la construcción de una realidad más equilibrada y próspera.

Al adoptar los mudras como parte de la rutina diaria, se establece un camino continuo de autoconocimiento y fortalecimiento interior. El simple acto de posicionar los dedos de forma consciente activa centros de energía que sustentan la salud, el equilibrio emocional y la claridad mental. Así, cada gesto se convierte en una herramienta práctica para reconectar con la abundancia natural del universo, promoviendo una vida más plena y alineada con propósitos elevados.

Imagina tus manos como canales de energía, capaces de captar y direccionar fuerzas sutiles que circulan por el cuerpo y por el universo. Cuando formamos mudras con consciencia e intención, estos gestos se transforman en poderosas herramientas de conexión entre el mundo interno y el flujo universal de abundancia, salud, amor y paz. Cada posición de los dedos es como un circuito que se cierra, conduciendo el prana —la energía vital— para áreas específicas del cuerpo y de la mente, despertando potenciales latentes y disolviendo bloqueos energéticos.

En la práctica del yoga y de la meditación, los mudras son utilizados para equilibrar los chakras y regular el flujo del prana, creando armonía física, mental y espiritual. Al activar estos centros energéticos, se remueven tensiones internas y se abre espacio para que la energía de la abundancia fluya libremente. Este equilibrio entre cuerpo, mente y espíritu establece una base sólida para la manifestación de prosperidad y bienestar en todas las áreas de la vida. Así, los mudras no son solo gestos simbólicos, sino instrumentos prácticos para alinearse con el flujo natural del universo.

Entre los mudras más eficaces para atraer abundancia, se destaca el Kubera Mudra, inspirado en Kubera, el dios hindú de la riqueza y de la prosperidad. Este gesto es simple, pero poderoso: se unen las puntas del pulgar, índice y dedo medio, mientras los dedos anular y meñique permanecen doblados en dirección a la palma. Esta posición activa el chakra del plexo solar, responsable del poder personal y de la autoconfianza, concentrando la intención y direccionando la energía para la concretización de objetivos materiales. Con práctica regular, el Kubera Mudra fortalece la determinación y atrae oportunidades de éxito.

Otro gesto de gran poder es el Lakshmi Mudra, que invoca la energía de la diosa Lakshmi, símbolo de abundancia y prosperidad. Para realizarlo, posiciona las manos con las palmas hacia arriba y une las puntas de los pulgares, manteniendo los otros dedos extendidos y relajados. Este gesto activa el chakra cardíaco, expandiendo sentimientos de amor, gratitud y compasión. La apertura del corazón crea un flujo continuo de energía positiva, facilitando la recepción de prosperidad material y emocional. El Lakshmi Mudra no solo atrae riquezas externas, sino que también nutre el bienestar interior.

El Varuna Mudra es ideal para quien busca desbloquear emociones reprimidas y estimular la creatividad. Dedicado a Varuna, el dios del agua, este mudra equilibra el elemento agua en el cuerpo y activa el chakra sacro, ligado a la fluidez emocional y a la expresión creativa. Para practicarlo, basta unir la punta del dedo meñique con la punta del pulgar, dejando los demás dedos relajados. Este gesto promueve la liberación de sentimientos acumulados, trayendo ligereza y adaptabilidad frente a los cambios, lo que facilita el flujo natural de la abundancia en diferentes áreas de la vida.

El Prithvi Mudra es un gesto que fortalece la estabilidad y el enraizamiento, esenciales para atraer prosperidad duradera. Inspirado en Prithvi, la diosa de la tierra, activa el chakra raíz, responsable de la seguridad y de la conexión con el mundo físico. Para realizarlo, une la punta del dedo anular con la punta del pulgar, manteniendo los demás dedos extendidos. Este gesto aumenta la sensación de firmeza, equilibra el cuerpo físico y mental y refuerza la confianza, creando una base sólida para el crecimiento material y espiritual.

Para purificación energética y renovación, el Apana Mudra es una poderosa herramienta. Ayuda en la eliminación de toxinas físicas y emocionales, limpiando bloqueos que impiden el flujo libre de la energía vital. Para realizarlo, une las puntas del pulgar, dedo medio y dedo anular, dejando el índice y el dedo meñique extendidos. Este gesto activa el proceso natural de desintoxicación, abriendo espacio para la renovación y facilitando la manifestación de nuevos ciclos de abundancia y equilibrio.

Para potencializar los efectos de los mudras, es importante practicarlos de forma consciente. Comienza escogiendo el mudra que más resuena con tus objetivos. Confía en tu intuición para identificar cuál gesto se alinea con tus deseos, sea atraer prosperidad, alcanzar equilibrio emocional o promover la cura. Tras esta elección, encuentra un ambiente tranquilo, libre de distracciones, donde puedas sentarte o permanecer cómodo. Un local tranquilo, armonizado con velas, aromas o luz suave, ayuda a crear una atmósfera propicia para la práctica.

Concéntrate en la respiración. Inspira profundamente, sintiendo el aire llenar tu cuerpo, y expira lentamente, liberando tensiones. La respiración consciente relaja el cuerpo y calma la mente, creando el estado ideal para absorber plenamente los beneficios del mudra. Con el cuerpo relajado, forma el gesto escogido, posicionando los dedos con precisión. Mantén la postura erguida, pero sin rigidez, permitiendo que la energía fluya libremente.

Mientras mantienes el mudra, visualiza tus objetivos ya concretados. Imagina los detalles con claridad, siente la emoción de haber alcanzado aquello que deseas. Esta visualización fortalece la conexión entre tu intención y la energía que estás canalizando. Percibe las sensaciones que surgen: calor, hormigueo o ligereza en las manos y en el cuerpo. Estas percepciones indican que el flujo energético ha sido activado. Permite que esta vibración positiva se expanda, armonizando tu campo energético.

La práctica regular de los mudras potencializa sus efectos. Dedica algunos minutos diarios para esta conexión. La constancia fortalece el alineamiento energético e intensifica los resultados deseados. Incorporar los mudras en la rutina diaria crea un ciclo de renovación y equilibrio, sustentando la armonía entre cuerpo, mente y espíritu.

Algunas prácticas pueden profundizar aún más la experiencia. Define una intención clara antes de iniciar.

Sabe exactamente lo que deseas atraer, sea prosperidad, paz o equilibrio. Dirige toda tu atención al gesto y a la respiración, alejando pensamientos dispersos. Mantente relajado, sin tensiones musculares, y sincroniza la práctica con una respiración profunda y consciente. Observa las sensaciones durante el ejercicio y confía en este flujo natural de energía.

Con el tiempo, la práctica continua de los mudras revela su poder transformador. Cada gesto consciente amplía la conexión con el flujo universal, permitiendo que la abundancia y el equilibrio fluyan de manera natural en el día a día. Este proceso despierta potenciales dormidos y disuelve bloqueos que impedían el crecimiento. La energía antes dispersa pasa a ser canalizada con claridad y propósito, creando condiciones para una vida más plena y alineada con los verdaderos deseos del alma.

Así, los mudras se convierten en aliados silenciosos, pero profundamente eficaces, en la jornada de autoconocimiento y evolución. Incorporarlos a la rutina es abrirse a un flujo constante de equilibrio, cura y prosperidad. Que cada gesto sea una invitación a sumergirse más profundo en sí mismo, despertando el poder interior y permitiendo que la energía del universo fluya libremente, conduciéndote a una existencia repleta de propósito, armonía y realización.

Con la práctica continua de los mudras, se hace evidente que estos gestos simples cargan una sabiduría profunda, capaz de transformar no solo estados emocionales y mentales, sino también la propia realidad alrededor. Cada movimiento consciente de las manos fortalece la conexión con el flujo universal de energía, permitiendo que la abundancia y el equilibrio se conviertan en experiencias naturales en lo cotidiano. La integración de estas prácticas a la rutina revela caminos de autodescubrimiento y empoderamiento, donde la armonía entre intención y acción manifiesta cambios positivos y duraderos.

Al reconocer la fuerza de los mudras como instrumentos de transformación, se amplía la percepción sobre el propio poder interior. La energía que antes fluía de forma dispersa pasa a ser canalizada con claridad y propósito, despertando potencialidades dormidas. Esta conexión íntima con la energía vital inspira una jornada de crecimiento constante, donde cada gesto, cada respiración y cada pensamiento colaboran para la construcción de una vida más plena, consciente y alineada con los verdaderos deseos del alma.

Así, los mudras se revelan como aliados silenciosos, pero poderosos, en el camino de la evolución personal. Incorporar estos gestos sagrados al día a día es permitirse acceder a una fuente inagotable de equilibrio, cura y prosperidad. Que cada práctica sea una invitación a sumergirse más profundo en el autoconocimiento, abriendo espacio para que la energía del universo fluya libremente y conduzca al ser a una existencia repleta de propósito, paz y realización.

Capítulo 19
Danza y Movimiento

La danza representa una expresión auténtica y profunda de la esencia humana, capaz de desbloquear energías, revitalizar el cuerpo y conectar la mente al flujo natural del universo. A través del movimiento libre, el cuerpo se transforma en un canal de expresión que libera tensiones acumuladas y promueve un estado de equilibrio físico, emocional y espiritual. Esta conexión íntima con el propio ritmo y con la música crea un espacio donde la energía vital circula sin impedimentos, proporcionando bienestar, ligereza y plenitud. La danza, así, transciende el simple acto de moverse, convirtiéndose en una práctica poderosa de autoconocimiento y reconexión con la propia esencia, facilitando la manifestación de la abundancia en diversos aspectos de la vida.

Al permitir que el cuerpo se mueva de forma espontánea, cada gesto se transforma en un acto de libertad, disolviendo barreras emocionales y mentales que limitan el potencial creativo y la capacidad de atraer prosperidad. Este movimiento natural no solo fortalece la salud física, sino que también abre espacio para sentimientos de alegría, confianza y renovación interior. El flujo continuo de energía liberado por la danza revitaliza el organismo, aclara la mente y equilibra las emociones, creando un terreno fértil para el florecimiento de nuevas oportunidades y conquistas. De esta forma, la danza se presenta como un puente entre el cuerpo y la mente, alineando ambos con el ritmo dinámico de la vida.

Incorporar la danza en lo cotidiano es permitirse vivenciar plenamente la propia existencia, honrando el cuerpo como instrumento de expresión y manifestación de deseos e intenciones. Cada paso y movimiento consciente amplía la conexión con el presente y fortalece la confianza en las propias capacidades, despertando la creatividad y alimentando la vitalidad. Esta implicación profunda con la danza no solo proporciona momentos de placer y diversión, sino que también contribuye directamente a la construcción de una vida más abundante, saludable y armoniosa. Así, moverse con libertad es también mover la energía de la vida, atrayendo prosperidad y felicidad de forma natural y fluida.

Imagina la danza como un verdadero ritual de celebración de la vida, donde cada movimiento se convierte en un homenaje al cuerpo, al alma y a la energía creativa que pulsa dentro de ti. Al entregarse al ritmo de la música, tu cuerpo se transforma en un canal abierto para la manifestación de la abundancia. Cada paso dado, cada giro espontáneo y cada balanceo natural son invitaciones para que la prosperidad, la salud y la felicidad se acerquen, fluyendo suavemente hacia tu existencia. No se trata solo de moverse, sino de sentir la danza como un puente entre tu ser interior y las fuerzas sutiles del universo, donde la energía vital circula libremente, disolviendo bloqueios y creando espacio para nuevas posibilidades.

En este contexto, la danza se revela como una meditación en movimiento. Cada gesto ejecutado de forma espontánea te permite conectarte profundamente con el momento presente. El estrés acumulado, las tensiones diarias y las preocupaciones que antes pesaban sobre tus hombros se deshacen gradualmente, liberando espacio para una expresión auténtica y liberadora. El cuerpo, ahora suelto y libre, pasa a ser el conductor de la energía vital, fluyendo sin resistencia y disipando obstáculos que antes limitaban el camino de la abundancia. Este estado de presencia plena abre puertas para una experiencia rica en significado, donde el movimiento no es solo físico, sino también emocional y espiritual.

Al permitirte bailar con entrega total, inicias un proceso profundo de liberación emocional. La danza se convierte en un vehículo seguro para expresar sentimientos reprimidos, funcionando como una válvula de escape para emociones que muchas veces son ignoradas o guardadas. Reír, llorar o incluso gritar durante la danza son expresiones naturales que promueven la curación emocional, disolviendo tensiones internas y creando espacio para que emociones más ligeras y positivas se instalen. Esta libertad emocional es esencial para cultivar una mente equilibrada y un corazón abierto, condiciones fundamentales para que la abundancia florezca.

Los beneficios físicos de la danza son igualmente notables. El movimiento constante estimula la circulación sanguínea y mejora la oxigenación del cuerpo, revitalizando el organismo de dentro hacia fuera. Este flujo renovado de energía fortalece el sistema inmunológico y aumenta la disposición física, haciendo el cuerpo más resiliente y saludable. La sensación de vitalidad creciente se refleja directamente en la forma en que te enfrentas a la vida, con más entusiasmo y coraje para afrontar desafíos y abrazar oportunidades.

Además, la danza profundiza la conexión con el propio cuerpo. Con cada movimiento, te vuelves más consciente de tus sensaciones, ritmos y límites, desarrollando una percepción corporal aguda. Este autoconocimiento físico no solo fortalece la relación con tu esencia, sino que también crea una base sólida para la autoconfianza. Sentirse cómodo en tu propio cuerpo es un paso crucial para aceptar quién eres, valorando tus singularidades y reconociendo tu propio valor. Esta autoestima reforzada se refleja en una postura más positiva ante la vida, influenciando directamente las relaciones interpersonales y la forma como te relacionas con el mundo a tu alrededor.

La danza también es una poderosa fuente de creatividad. Movimientos libres y espontáneos rompen con patrones rígidos, estimulando el surgimiento de nuevas ideas y soluciones creativas. Este flujo creativo no se limita solo al cuerpo, sino que se extiende a diversas áreas de la vida, potenciando la intuición y la capacidad de enfrentar desafíos de forma innovadora. Cada improvisación en la danza es un reflejo de la habilidad de adaptarse y encontrar nuevos caminos, habilidades valiosas para alcanzar prosperidad en todas las esferas de la existencia.

Outro impacto significativo de la danza es la reducción del estrés. El simple acto de moverse al son de la música estimula la liberación de endorfinas, hormonas responsables de la sensación de placer y bienestar. Esta respuesta química natural alivia tensiones, disminuye la ansiedad y promueve un estado de calma interior. Al integrar esta práctica regularmente, creas una base emocional más estable y resiliente, que favorece el equilibrio necesario para atraer y sustentar la abundancia en tu vida.

La ligereza y la espontaneidad despertadas por la danza también fortalecen la conexión con la alegría genuina. Movimientos despretensiosos y libres despiertan sentimientos de diversión y alegría, elevando tu vibración energética. Este estado elevado de vibración actúa como un imán para experiencias positivas, acercando prosperidad, salud y felicidad. La alegría sentida durante la danza resuena más allá del momento presente, influenciando tu actitud ante la vida y abriendo puertas para nuevas oportunidades.

Para aprovechar plenamente estos beneficios, es esencial crear un ambiente propicio para bailar. Elige un espacio cómodo y tranquilo, donde puedas moverte libremente y sin distracciones. Un ambiente armonioso, con luz suave, aromas agradables y elementos inspiradores, como plantas u objetos significativos, contribuye a que tu energía fluya naturalmente. Este espacio seguro y acogedor facilita la conexión con el momento presente, permitiéndote sumergirte por completo en la experiencia.

La música desempeña un papel fundamental en este proceso. Selecciona melodías que evoquen emociones positivas y traigan ligereza a tu corazón. Ya sea una música suave, sonidos de la naturaleza o ritmos vibrantes, lo importante es que el sonido resuene con tu energía en ese momento. Cerrar los ojos mientras bailas puede profundizar aún más esta conexión, eliminando distracciones y permitiendo que cada nota y cada ritmo conduzcan tus movimientos de forma auténtica.

Permite que tu cuerpo responda naturalmente a la música, sin preocuparte por pasos correctos o ritmo. Movimientos suaves o intensos deben surgir de manera espontánea, respetando tu propio tiempo y deseos. Esta libertad corporal disuelve bloqueios internos y crea un flujo continuo de energía, abriendo espacio para que la abundancia se manifieste. Si surge la voluntad de expresar emociones intensas, como reír o llorar, acoge estos sentimientos sin restricciones. Esta entrega emocional fortalece la curación interna y amplía la capacidad de sentir ligereza y positividad.

Mientras bailas, visualiza tus objetivos ya realizados. Imagina con detalles las conquistas que deseas alcanzar, sintiendo la satisfacción y la alegría de ya tener esos deseos concretados. Esta práctica de visualización, alineada al movimiento, potencia la conexión con la energía de la abundancia, orientando pensamientos, emociones y acciones en la dirección de tus sueños.

Al final de la danza, dedica un momento para agradecer. Reconoce las conquistas que ya forman parte de tu vida y expresa gratitud por las oportunidades que están por venir. Este gesto simple fortalece tu vibración positiva y mantiene abierta la conexión con la prosperidad. La gratitud es una llave poderosa que amplía la capacidad de atraer y sustentar la abundancia.

Libérate de juicios y abraza la danza como una forma genuina de expresión. No busques la perfección o la técnica ideal. Solo muévete, siente la música y permite que cada gesto revele quién eres. Celebra cada movimiento como un acto de libertad, diversión y conexión con la vida. En este flujo natural, la danza se convierte en una aliada poderosa en el camino hacia una existencia plena, abundante y llena de propósito.

Al integrar la danza como parte natural de tu rutina, cultivas una relación más íntima con tu propio cuerpo y con la energía que te mueve. Este compromiso contigo mismo no exige grandes performances o técnicas elaboradas, sino autenticidad y entrega al momento. Pequeños gestos diarios, como balancear el cuerpo al son de una música suave o permitir movimientos espontáneos mientras realizas tareas simples, ya son suficientes para mantener el flujo energético activo. Esta práctica constante fortalece la conexión con la vitalidad interior, permitiendo que la abundancia se manifieste de forma orgánica en todos los aspectos de la vida.

Con el tiempo, esta expresión corporal espontánea transforma no solo el cuerpo, sino también la percepción sobre desafíos y oportunidades. La mente se vuelve más ligera y abierta, favoreciendo decisiones más creativas y alineadas con los verdaderos deseos. La autoconfianza gana nuevas dimensiones, impulsando la búsqueda de experiencias enriquecedoras y relaciones más auténticas. La danza, en este contexto, deja de ser un simple acto físico y se convierte en un verdadero diálogo entre el ser y el universo, donde cada movimiento es una invitación para que la prosperidad y la armonía se establezcan con naturalidad.

Así, al permitirte bailar libremente, activas un ciclo positivo de renovación y crecimiento. La fluidez de los movimientos simboliza la flexibilidad ante la vida, enseñando la importancia de adaptarse y fluir con los cambios. En este ritmo continuo entre cuerpo, mente y espíritu, la danza se revela como un camino poderoso para despertar el potencial ilimitado que existe dentro de cada uno. Y es en este compás de libertad y conexión que la abundancia encuentra espacio para florecer, guiándote a una jornada plena de equilibrio, salud y realización.

Capítulo 20
Baños Energéticos

Los baños energéticos ejercen un papel fundamental en la armonización del cuerpo, mente y espíritu, funcionando como una poderosa herramienta de limpieza y revitalización energética. Así como el cuerpo físico necesita de cuidados regulares para mantenerse saludable, el campo energético también demanda prácticas que promuevan el equilibrio y el bienestar. Mediante la combinación de elementos naturales, como hierbas, flores y cristales, estos baños actúan directamente en la remoción de cargas negativas, disipando bloqueos emocionales y espirituales. Al integrar estos rituales en lo cotidiano, se vuelve posible liberar energías estancadas y abrir espacio para una circulación fluida de vibraciones positivas, creando un ambiente interno favorable para el crecimiento personal y espiritual.

Cada ingrediente utilizado en los baños energéticos carga propiedades únicas que potencian el proceso de purificación y atracción de buenas energías. Plantas como la ruda, el romero y la albahaca son reconocidas por sus capacidades de protección y limpieza, mientras que elementos como el laurel, la canela y la miel actúan directamente en la atracción de prosperidad y abundancia. La elección consciente de estos componentes, junto con la intención clara durante la preparación y aplicación del baño, intensifica el efecto deseado. Así, estos rituales no solo limpian el aura, sino que también alinean los chakras y fortalecen el campo vibracional, creando una barrera protectora contra influencias externas negativas.

Incorporar los baños energéticos a la rutina es una forma eficaz de restaurar el equilibrio emocional, aumentar la vitalidad y fortalecer la conexión con la energía vital del universo. Al permitir que el agua impregnada de propiedades naturales recorra el cuerpo, ocurre una renovación profunda que va más allá del aspecto físico, influenciando directamente la mente y el espíritu. Este proceso de purificación no solo promueve la sensación de ligereza y bienestar, sino que también potencia la capacidad de atraer oportunidades, salud y felicidad. Estar en sintonía con estas prácticas significa abrir camino para una vida más plena, abundante y alineada con las fuerzas positivas que rodean lo cotidiano.

Imagínate en medio de la naturaleza, frente a una cascada de aguas cristalinas que desciende en flujo continuo, tocando suavemente tu piel. El agua fría y pura recorre cada parte de tu cuerpo, llevando consigo impurezas físicas y emocionales, mientras una sensación de renovación se apodera de ti. Así como este baño natural, los baños energéticos actúan profundamente en la purificación del aura, equilibrando los chakras y restableciendo la conexión con la energía vital de la naturaleza. Cada gota de agua, impregnada con las propiedades curativas de las plantas, flores y cristales, actúa como un canal de limpieza y revitalización, disolviendo bloqueios y abriendo espacio para que la energía positiva fluya libremente.

El aura, este campo energético sutil que envuelve el cuerpo físico, absorbe diariamente influencias externas. Emociones negativas, pensamientos densos y vibraciones de ambientes cargados pueden acumularse, creando un peso invisible que afecta el bienestar. Los baños energéticos tienen la capacidad de remover estas capas densas, limpiando y armonizando el aura. Al permitir que el agua mezclada con elementos naturales recorra la piel, se produce una liberación de las tensiones acumuladas, promoviendo protección y equilibrio energético. Este proceso no solo alivia el cansancio físico, sino que también proporciona ligereza emocional y claridad mental.

La purificación promovida por estos baños impacta directamente la forma en que la abundancia se manifiesta en la vida. Cuando el campo vibracional está limpio y equilibrado, se vuelve más fácil atraer prosperidad, salud y felicidad.

Ingredientes como la sal gruesa y la ruda disuelven energías negativas, mientras que elementos como el laurel y la miel atraen suerte y prosperidad. La combinación de estos componentes, sumada a la intención clara durante el ritual, crea un ambiente interno propicio para recibir oportunidades y vivir de forma más plena.

Además de la limpieza energética, estos baños promueven un profundo equilibrio emocional. El agua tibia cargada con hierbas y flores envuelve el cuerpo, calmando la mente y el corazón. Sentimientos como la ira, la tristeza o la ansiedad encuentran una válvula de escape en este ritual de autocuidado. Ingredientes como la manzanilla y la lavanda transmiten serenidad, proporcionando alivio y restaurando la paz interior. Este equilibrio emocional no solo trae confort, sino que también prepara el terreno para enfrentar desafíos con más claridad y ligereza.

La vitalidad también es intensificada por medio de los baños energéticos. El cansancio físico y mental se disuelve al contacto con el agua cargada de propiedades revigorantes. Plantas como el romero y la menta despiertan el vigor interior, aumentando la disposición y la energía para el día a día. Esta renovación energética fortalece el cuerpo y la mente, permitiendo un desempeño más eficiente en todas las áreas de la vida. La disposición renovada abre espacio para la productividad, la creatividad y el crecimiento personal y profesional.

Los baños energéticos también ofrecen una poderosa protección contra influencias externas negativas. Ingredientes como la ruda y la sal gruesa crean una barrera sutil, pero eficaz, alrededor del aura, funcionando como un escudo contra la envidia, el mal de ojo y ambientes cargados. Esta blindaje energético impide que vibraciones nocivas interfieran en tu equilibrio, permitiendo que tu vibración permanezca elevada. Este estado de protección continua mantiene la mente enfocada y el corazón tranquilo, esenciales para seguir firme en los propios objetivos.

Outro benefício notable es el fortalecimiento de la intuición. La limpieza energética deshace bloqueos mentales y emocionales, aclarando la percepción y ampliando la conexión con la sabiduría interior. Ingredientes como la rosa blanca y la manzanilla despiertan la sensibilidad y favorecen la escucha de la propia intuición. Con la mente libre de ruidos e interferencias, se vuelve más fácil tomar decisiones acertadas y seguir caminos alineados con tus deseos más profundos. Esta claridad intuitiva guía elecciones más sabias y eficaces, potenciando el alcance de objetivos.

Para quien busca atraer prosperidad, un baño energético con hojas de laurel, albahaca, canela en rama y miel es especialmente eficaz. El laurel simboliza el éxito y la victoria, la albahaca protege y equilibra, la canela intensifica la atracción de buenas oportunidades y la miel trae suavidad al flujo de conquistas. Esta preparación, cuando se hace con atención e intención, crea una poderosa sinergia capaz de abrir caminos para la abundancia. Al verter esta infusión por el cuerpo, imagina cada gota trayendo prosperidad, llenando tu vida con oportunidades y realizaciones.

En cuanto al baño de limpieza energética, con sal gruesa, ruda y romero, ofrece una purificación profunda. La sal neutraliza cargas densas, la ruda protege contra energías negativas y el romero revitaliza y aclara la mente. Este ritual disuelve bloqueios, renueva el campo vibracional y fortalece la protección energética. Al realizar este baño, visualiza todas las influencias negativas disolviéndose y tu cuerpo siendo envuelto por una luz clara y protectora.

Para atraer amor y armonía, el baño con pétalos de rosa blanca, flores de manzanilla y azúcar cristal es ideal. La rosa blanca trae paz y pureza, la manzanilla promueve la calma y el azúcar atrae dulzura y buenas oportunidades. Al bañarte con esta infusión, imagínate siendo envuelto por una energía suave y amorosa, abriéndote a relaciones saludables y experiencias armoniosas.

La eficacia de estos rituales se intensifica cuando se realizan con plena consciencia. Antes de iniciar el baño, es fundamental establecer una intención clara. Reserva un momento para reflexionar sobre lo que deseas transformar o atraer a tu vida. Durante la preparación, manipula los ingredientes con respeto y atención, reconociendo la fuerza vital que cada uno carga. Este cuidado transforma el baño en un ritual sagrado, potenciando sus efectos.

Durante el baño, permítete relajar completamente. Respira profundamente, sintiendo cada tensión disolverse. Visualiza el agua llevándose todo lo que ya no te sirve y llenando tu cuerpo con luz y energía positiva. Esta práctica de visualización es una herramienta poderosa que refuerza la purificación y la atracción de buenas vibraciones.

Al final, dedica un momento para agradecer. Reconoce la generosidad de la naturaleza por los elementos utilizados y por la renovación recibida. Este gesto de gratitud amplía la conexión con las fuerzas naturales y potencia el efecto del baño. Agradecer es un acto de reconocimiento que crea un ciclo de intercambio energético positivo, abriendo aún más caminos para nuevas bendiciones.

Así, al integrar los baños energéticos como parte de una rutina consciente, se crea un poderoso elo entre cuerpo, mente y espíritu. Estos momentos de autocuidado se convierten en verdaderos rituales de reconexión y renovación. Con la práctica regular, no solo el campo energético se mantiene limpio y protegido, sino que también la mente y el corazón se fortalecen frente a los desafíos diarios. Este equilibrio energético promueve la claridad, la serenidad y una conexión profunda con la propia esencia.

Con el tiempo, estos rituales pasan a ser más que prácticas esporádicas y se transforman en un estilo de vida. Cada baño es una oportunidad de diálogo con el universo, un momento de expresar deseos y abrir caminos para la realización. En este flujo armonioso, la energía vital circula libremente, permitiendo que la paz, el amor, la salud y la prosperidad florezcan con naturalidad. Así, cada gota de agua consagrada se convierte en una semilla de transformación, guiando a la persona hacia una vida plena, equilibrada y abundante.

Al integrar los baños energéticos como parte de un ritual consciente, se crea una poderosa conexión entre cuerpo, mente y espíritu, permitiendo que la energía fluya de manera armoniosa. Más que un simple hábito, estos momentos de cuidado se transforman en actos sagrados de autocompasión y renovación. La práctica regular no solo mantiene el campo vibracional limpio y protegido, sino que también fortalece la capacidad de lidiar con los desafíos diarios con serenidad y equilibrio. Este alineamiento energético trae claridad mental y emocional, facilitando elecciones más acertadas y promoviendo una vida más ligera y plena.

Además, al respetar el tiempo y la preparación de estos baños, se despierta un estado de presencia e intención que potencia aún más sus efectos. Cada ingrediente manipulado con atención y cada pensamiento dirigido durante el ritual crean una sintonía profunda con las fuerzas naturales. Este involucramiento consciente transforma el acto de cuidar de la energía personal en un verdadero diálogo con el universo, donde deseos e intenciones son expresados y, consecuentemente, acogidos. Así, cada baño se convierte en un portal de transformación, permitiendo que ciclos se cierren y nuevos caminos de prosperidad y bienestar se abran.

Con la práctica continua, los baños energéticos dejan de ser solo una herramienta de purificación para convertirse en un estilo de vida, guiado por la armonía y el respeto a las fuerzas de la naturaleza. Este compromiso con el autocuidado y con la elevación vibracional refuerza la conexión con lo divino y con la propia esencia. Al honrar este flujo de energía y mantener la intención clara, se crea un espacio interno fértil para cultivar la paz, el amor, la salud y la prosperidad. Así, cada gota de agua consagrada carga la promesa de renovación, guiando al ser hacia una jornada de equilibrio y realización plena.

Capítulo 21
Visualización de Colores

A través de un análisis detallado y profundo, surge la comprensión clara de cómo determinados eventos y decisiones moldearon el curso de la historia e influenciaron directamente los desarrollos sociales, culturales y económicos de una sociedad. La interconexión entre factores históricos, comportamentales y ambientales revela un escenario complejo, en el cual cada elemento desempeña un papel crucial en la formación de nuevas ideas, prácticas y estructuras. Este panorama exige una reflexión crítica y minuciosa sobre las circunstancias que desencadenaron cambios significativos y sobre la manera en que estas transformaciones impactaron la evolución de valores y tradiciones.

Al considerar las fuerzas que impulsan transformaciones a lo largo del tiempo, es posible percibir la importancia de comprender no apenas los hechos aislados, sino también las relaciones intrínsecas entre diferentes contextos y protagonistas. Esta perspectiva amplía la visión sobre cómo las sociedades se organizan, se adaptan y superan desafíos, evidenciando la constante interacción entre pasado y presente. El análisis de las consecuencias de ciertas decisiones y eventos proporciona herramientas valiosas para interpretar el comportamiento humano y los mecanismos que sustentan el desarrollo colectivo.

Este entendimiento profundo permite reconocer patrones recurrentes e identificar caminos alternativos que podrían haber sido seguidos, enriqueciendo la percepción sobre el potencial de cambio e innovación. A partir de este análisis, se desarrolla una apreciación más completa de las dinámicas sociales y culturales, proporcionando bases sólidas para interpretar acontecimientos y comprender la complejidad inherente a los procesos históricos. Así, al sumergirse en este contexto, se abre espacio para explorar con más claridad las motivaciones, los desafíos y los resultados que moldearon la trayectoria de las sociedades a lo largo del tiempo.

Imagine un arcoíris surgiendo delante de usted, sus colores vibrantes y luminosos llenando el cielo e irradiando una energía suave y reconfortante. Cada tonalidad lleva una frecuencia única, una vibración capaz de influenciar positivamente cuerpo, mente y espíritu. Al visualizar estos colores con intención y propósito, usted dirige estas vibraciones específicas a los centros energéticos de su cuerpo, activando la fuerza vital y abriendo caminos para que la abundancia se manifieste en su vida de forma natural y fluida.

Todo en el universo es energía en constante movimiento, y los colores son manifestaciones visibles de esta energía vibrando en diferentes frecuencias. Cuando usted se conecta con un color a través de la visualización, está sintonizando su vibración personal con la frecuencia de ese color. Esta alineación armoniza sus chakras, disuelve bloqueos energéticos y crea un campo propicio para atraer aquello que usted desea manifestar. Así, la visualización de colores se convierte en una herramienta poderosa de transformación, capaz de equilibrar emociones, fortalecer la autoconfianza y potenciar la realización de metas.

El verde, por ejemplo, está íntimamente ligado al chakra cardíaco y simboliza renovación, equilibrio y crecimiento. Al visualizar una luz verde suave envolviendo su cuerpo, usted se conecta con la energía de la curación y la prosperidad. Esta vibración estimula la armonía emocional, fortalece las relaciones interpersonales y crea un campo vibracional fértil para el florecimiento de nuevas oportunidades financieras. Sienta esta luz llenando cada célula, disolviendo tensiones y abriendo espacio para que la abundancia se instale con ligereza y naturalidad.

El dorado, por su parte, representa la riqueza, el poder personal y la vitalidad, estando conectado al chakra del plexo solar. Imagínese bañado por una luz dorada radiante, similar a los rayos del sol calentando la piel. Esta energía fortalece su autoconfianza, despierta su liderazgo e intensifica su capacidad de realización. Visualizar el dorado a su alrededor activa la determinación y el foco necesarios para concretar objetivos y alinearse con la frecuencia de la prosperidad y el éxito.

El amarillo, también asociado al plexo solar, irradia alegría, claridad mental y creatividad. Al visualizar un brillo amarillo intenso llenando su cuerpo, usted estimula la mente a buscar soluciones creativas y a mantener el optimismo frente a los desafíos. Esta vibración luminosa desbloquea el flujo creativo y atrae nuevas ideas y oportunidades, haciendo el ambiente interno más propicio para el crecimiento personal y profesional.

El naranja, relacionado al chakra sacro, trae vitalidad, entusiasmo e impulso creativo. Visualice una luz naranja cálida y vibrante envolviendo la región abdominal, activando su energía creativa y aumentando su disposición. Esta vibración fortalece la autoconfianza y amplía la capacidad de transformar sueños en acciones concretas, favoreciendo la realización de proyectos y la manifestación de abundancia.

El rosa, asociado al chakra del corazón, emana amor, compasión y armonía. Imagínese envuelto por una niebla rosa suave, como un abrazo cálido. Esta vibración despierta el amor propio y cura heridas emocionales, abriendo el corazón para relaciones afectivas saludables y equilibradas. La energía del rosa promueve el perdón y atrae conexiones genuinas, basadas en el respeto, el cariño y la reciprocidad.

Para aprovechar plenamente el poder de la visualización de colores, es esencial crear un ambiente propicio. Escoja un lugar tranquilo, donde pueda relajarse sin interrupciones. Una habitación silenciosa, un rincón al aire libre o incluso un espacio decorado con elementos que transmitan calma son ideales. Ajuste la iluminación para que sea suave y, si lo desea, utilice aromas o música suave para potenciar la atmósfera de acogida.

Comience concentrándose en la respiración. Inspire profundamente por la nariz, sintiendo el aire llenar sus pulmones, y expire lentamente por la boca, liberando tensiones. Repita este proceso por algunos minutos hasta sentir la mente y el cuerpo relajados. Este estado de calma es fundamental para profundizar la conexión con los colores.

Escoja intuitivamente el color que mejor representa lo que desea atraer o transformar. Confíe en su intuición, pues ella le guiará al color más alineado con sus necesidades. Con los ojos cerrados, visualice el color escogido surgiendo a su alrededor, expandiéndose lentamente, como una niebla luminosa o una luz radiante. Deje que este color envuelva todo su cuerpo y penetre en cada célula, sintiéndolo disolver bloqueos y revitalizar su energía.

Sienta la vibración de este color. Perciba si trae calor, frescor, ligereza o vigor. Observe cómo esta energía fluye por el cuerpo, despertando sensaciones y disolviendo resistencias. Dirija este color al chakra correspondiente a su objetivo, visualizando este centro energético girando de forma armónica e irradiando equilibrio y vitalidad. Si lo prefiere, conduzca el color por todos los chakras, sintiendo cada uno ser nutrido y armonizado.

Mientras se envuelve en esta energía, repita mentalmente afirmaciones positivas alineadas con lo que desea manifestar. Por ejemplo, al visualizar el color verde, diga para sí mismo: "Soy próspero y abierto a las oportunidades que el universo me ofrece". Deje que estas palabras resuenen con la vibración del color, fortaleciendo su intención.

La práctica regular de la visualización de colores potencia sus efectos. Incorpore esta técnica a su rutina diaria o semanal, permitiendo que la conexión con la energía de los colores se profundice y genere transformaciones positivas a lo largo del tiempo. Con disciplina y entrega, cambios sutiles, pero poderosos, comenzarán a manifestarse en su bienestar, equilibrio emocional y capacidad de atraer abundancia.

Establecer una intención clara antes de iniciar la práctica es fundamental. Reflexione profundamente sobre sus deseos y objetivos. Defina su intención de forma positiva y directa, creando un foco dirigido para la visualización. Esta claridad amplifica el poder de la práctica y orienta la energía del color para la realización de su propósito.

Durante la visualización, mantenga su atención plena. Si pensamientos dispersos surgen, gentilmente regrese el foco al color y su intención. Imagine el color con riqueza de detalles: sienta su textura, temperatura e intensidad. Cuanto más vívida sea esta imagen, más potente será la integración de la energía del color con su campo vibracional.

Potencialice la visualización combinándola con otras técnicas, como mantras, afirmaciones o meditaciones guiadas. Esta integración amplía el impacto de la práctica, creando un campo energético aún más fuerte. Confíe en su intuición para adaptar la práctica conforme a sus necesidades.

Al profundizar en esta técnica, la visualización de colores se revela más que un ejercicio mental: es un canal de transformación interior. La conexión consciente con las vibraciones de los colores permite acceder a niveles sutiles de energía, promoviendo equilibrio entre cuerpo, mente y espíritu. Esta alineación favorece la manifestación de deseos, fortalece la autoconfianza y crea una base sólida para el florecimiento de la abundancia.

Con la práctica constante, usted percibirá una ampliación de la consciencia y una relación más profunda con su propia esencia. La visualización de colores se convierte en una herramienta de autoconocimiento, revelando bloqueos emocionales y patrones limitantes que pueden ser suavemente transformados. Cada color, con su frecuencia única, actúa como un puente entre lo físico y lo emocional, integrando pensamientos y sentimientos en armonía con sus objetivos.

Así, la visualización de colores no solo promueve equilibrio emocional, sino que también amplía la capacidad de crear una realidad alineada con sus deseos más genuinos. Cada respiración, cada imagen mental se transforma en una semilla de transformación, permitiendo que el equilibrio y la prosperidad florezcan de manera auténtica y duradera.

Al profundizar en la práctica de la visualización de colores, se hace evidente que este ejercicio no se limita a la contemplación estética, sino que actúa como un canal poderoso para la transformación interior. La conexión consciente con las vibraciones de los colores permite acceder a niveles más sutiles de energía, favoreciendo la alineación entre mente, cuerpo y espíritu. Este proceso no solo potencia la manifestación de deseos, sino que también promueve un estado de equilibrio que reverbera positivamente en todas las áreas de la vida. Cada color, con su frecuencia única, actúa como un puente entre el mundo físico y el emocional, facilitando la integración de sentimientos, pensamientos y acciones en armonía con los objetivos personales.

Con la práctica continua, la visualización de colores se revela una herramienta esencial para el autoconocimiento y para la expansión de la consciencia. Al percibir las respuestas del cuerpo y de la mente durante estas visualizaciones, es posible identificar bloqueos emocionales, creencias limitantes y patrones de comportamiento que pueden ser suavemente transformados. Este despertar gradual promueve una relación más profunda con la propia esencia y amplía la percepción de cómo las energías externas e internas influencian el flujo de la vida. Así, cultivar esta conexión consciente no solo fortalece el equilibrio emocional, sino que también amplía la capacidad de crear una realidad alineada con los deseos más genuinos.

Este camino de integración energética se desdobla como una jornada continua de curación y crecimiento. Al incorporar la visualización de colores como parte de una rutina de autocuidado, se abre espacio para que la energía fluya libremente, nutriendo cada aspecto del ser. La práctica constante refuerza la percepción de que la abundancia, la armonía y el bienestar son estados naturales que pueden ser cultivados con intención y presencia. Así, cada respiración y cada imagen mental se transforman en semillas de transformación, permitiendo que el equilibrio y la prosperidad florezcan de manera auténtica y duradera.

Capítulo 22
Aprendizaje Continuo

El aprendizaje continuo representa un compromiso diario con el crecimiento personal y profesional, esencial para prosperar en un mundo dinámico y competitivo. Desarrollar esta mentalidad significa integrar el conocimiento como parte fundamental de la vida, buscando constantemente nuevas habilidades, actualizándose sobre tendencias y perfeccionando competencias que impulsan el éxito. Esta postura activa frente al aprendizaje permite explorar oportunidades diversas, adaptarse a los cambios y construir una trayectoria sólida hacia la realización plena. Al invertir tiempo y energía en el desarrollo continuo, cada conquista se convierte en un reflejo directo de este esfuerzo, ampliando horizontes y abriendo puertas para un futuro más próspero y satisfactorio.

Adoptar el aprendizaje continuo como práctica constante fortalece la capacidad de innovación, resiliencia y adaptabilidad. Este proceso amplía la visión del mundo, estimula la creatividad y permite encontrar soluciones estratégicas para desafíos complejos. El dominio de nuevas herramientas, metodologías y conocimientos coloca al individuo en ventaja competitiva, haciéndolo más preparado para lidiar con transformaciones tecnológicas y exigencias del mercado. Más que acumular información, el aprendizaje continuo impulsa la aplicación práctica del conocimiento, favoreciendo resultados concretos e impactantes en diversas áreas de la vida.

Además de potenciar la carrera, el aprendizaje continuo promueve la autoconfianza y la satisfacción personal. La evolución constante fortalece la autoestima y despierta una postura proactiva frente a los desafíos, estimulando la búsqueda de metas más ambiciosas. Esta jornada de crecimiento proporciona equilibrio entre el desarrollo profesional y la realización personal, creando un ciclo positivo de motivación y conquistas. Al transformar el aprendizaje en un hábito diario, es posible construir un camino sólido para el éxito, con más propósito, autonomía y plenitud.

Imagine un vasto jardín donde cada planta florece de acuerdo con los cuidados que recibe. Así como un jardinero dedicado riega, poda, abona y protege sus plantas contra plagas, la mente humana también necesita de estímulos constantes para crecer y florecer. El aprendizaje continuo funciona como el nutriente esencial que alimenta el intelecto, proporcionando crecimiento personal y profesional. Al invertir en la adquisición de nuevos conocimientos y habilidades, se crea una base sólida para explorar oportunidades y alcanzar el potencial máximo. Cada nueva información asimilada actúa como una gota de agua o un rayo de sol, fortaleciendo las raíces del saber e impulsando el florecimiento de ideas y realizaciones. Este cuidado constante con la propia evolución no solo amplía horizontes, sino que también abre caminos para una vida más abundante y plena.

En el contexto de un mercado de trabajo cada vez más dinámico y competitivo, el aprendizaje continuo se convierte en una herramienta indispensable para quien desea destacarse y conquistar el éxito. Invertir en el propio desarrollo es como abonar el suelo de un jardín: fortalece la base y prepara el terreno para cosechas más generosas. Los profesionales que buscan constantemente nuevos conocimientos aumentan significativamente su empleabilidad, volviéndose más competitivos y valorados. La actualización constante de habilidades los capacita para ocupar posiciones estratégicas, explorar sectores innovadores y negociar condiciones de trabajo más ventajosas. Esta postura proactiva es percibida por las empresas como un diferencial, destacando a estos individuos como recursos estratégicos con alto potencial de crecimiento.

Además de abrir puertas en el mercado laboral, el aprendizaje continuo refina el desempeño profesional. La constante búsqueda por perfeccionamiento permite el dominio de técnicas avanzadas, la familiaridad con herramientas modernas y la adopción de métodos más eficientes. Este proceso resulta en mayor productividad, calidad en las entregas y agilidad en la resolución de problemas. Así como un jardinero que aprende a identificar el momento adecuado de poda para estimular el crecimiento saludable de las plantas, el profesional que mejora sus habilidades sabe cómo optimizar procesos y evitar errores, entregando resultados superiores y consolidando su posición dentro de la organización.

La exposición a nuevos saberes también funciona como una poda creativa, permitiendo que las ideas florezcan de forma inesperada. Al explorar diferentes culturas, conceptos y experiencias, la mente se expande y conecta información de manera innovadora. Este ambiente fértil alimenta la creatividad, facilitando la creación de soluciones originales y adaptables para problemas complejos. Así como en un jardín diverso, donde especies distintas coexisten y enriquecen el ecosistema, la diversidad de conocimientos adquiridos por el aprendizaje continuo estimula la experimentación y el pensamiento crítico, esenciales para la innovación en productos, servicios y procesos.

El desarrollo constante también cultiva la autoconfianza. Al dominar nuevas habilidades y comprender nuevos conceptos, el individuo fortalece su autoestima y pasa a afrontar desafíos con más seguridad. Esta confianza se refleja en una postura proactiva, en la disposición para asumir responsabilidades mayores y en la resiliencia ante los obstáculos. Así como una planta robusta resiste a vientos fuertes por tener raíces profundas, el profesional seguro de sí mismo se mantiene firme ante las adversidades y se muestra más receptivo a oportunidades de crecimiento. La sensación de progreso continuo refuerza la creencia en las propias capacidades y alimenta el deseo de avanzar.

La adaptabilidad, a su vez, es un reflejo directo de este proceso de crecimiento. En un mundo en constante transformación, la capacidad de ajustarse rápidamente a nuevas realidades es vital. El aprendizaje continuo funciona como una herramienta de adaptación, permitiendo que el profesional incorpore innovaciones, acompañe los cambios tecnológicos y comprenda nuevas dinámicas de mercado. Esta flexibilidad garantiza no solo la supervivencia en un ambiente desafiante, sino también el protagonismo en procesos de cambio. Así como una planta se inclina hacia la luz para continuar creciendo, el profesional adaptable ajusta su trayectoria conforme las exigencias del ambiente, manteniéndose relevante y competitivo.

Al expandir sus competencias, el individuo también amplía su campo de actuación. El desarrollo de nuevas habilidades funciona como la siembra de semillas diversas en un mismo jardín, resultando en múltiples posibilidades de florecimiento. Esta pluralidad de conocimientos abre puertas para explorar diferentes áreas, sectores y funciones, permitiendo redescubrimientos profesionales e incluso el emprendimiento. Así, nuevos caminos se revelan, alineándose con intereses personales y valores, y creando oportunidades de realización que antes parecían distantes.

Para cultivar este ciclo continuo de aprendizaje, es fundamental definir objetivos claros. Así como el jardinero planea el cultivo de cada planta, estableciendo lo que desea cosechar, el individuo necesita identificar sus metas y comprender qué conocimientos y habilidades son necesarios para alcanzarlas. Definir objetivos específicos y medibles dirige los esfuerzos y mantiene la motivación viva a lo largo de la jornada de desarrollo. Esta planificación funciona como un mapa que guía el camino, permitiendo avances constantes y seguros.

Con metas bien delineadas, se hace esencial trazar un plan de desarrollo detallado. Dividir grandes objetivos en etapas menores y establecer plazos realistas crea un ritmo constante de evolución. Incluir recursos variados, como cursos, libros, eventos y mentorías, enriquece el proceso y proporciona aprendizajes diversificados. Esta planificación estratégica funciona como el calendario de un jardinero, que organiza el cuidado con cada planta conforme las estaciones, garantizando que todas reciban la atención necesaria para crecer.

Explorar diferentes métodos de aprendizaje mantiene el proceso dinámico y atractivo. Así como un jardín prospera con la combinación de luz solar, agua y nutrientes, la mente se fortalece al ser estimulada por múltiples fuentes de conocimiento. Participar en cursos online, talleres presenciales, lecturas especializadas, podcasts y videos educativos amplía la comprensión de los temas y evita la monotonía. La variedad de métodos también permite descubrir nuevas formas de aprendizaje, haciendo la jornada más rica y eficaz.

Aplicar los conocimientos adquiridos es como cosechar los frutos de un cultivo cuidadoso. La verdadera asimilación del aprendizaje ocurre cuando el conocimiento se pone en práctica. Ya sea en proyectos personales, en el ambiente profesional o en actividades voluntarias, esta aplicación fortalece el entendimiento y permite ajustes para mejorar habilidades. Este ciclo de aprendizaje y práctica consolida el conocimiento y promueve el crecimiento continuo.

Compartir lo que se aprende también forma parte de este proceso. Al compartir conocimientos con otros, ya sea en conversaciones, debates o mentorías, se refuerza la comprensión y se estimula el pensamiento crítico. Este intercambio de ideas no solo solidifica el aprendizaje, sino que también contribuye al desarrollo colectivo. Así como las plantas que comparten nutrientes a través de raíces interconectadas, el compartir saberes crea una red de crecimiento mutuo.

Por último, celebrar las conquistas a lo largo de la jornada de aprendizaje es esencial. Cada nuevo conocimiento asimilado, cada habilidad desarrollada representa una victoria que merece ser reconocida. Celebrar estos progresos mantiene la motivación elevada y refuerza el compromiso con el desarrollo continuo. Así como el jardinero aprecia cada flor que florece, valorar cada avance alimenta el entusiasmo para seguir cultivando el propio crecimiento.

Integrar el aprendizaje continuo a la vida cotidiana exige disciplina y compromiso, pero los frutos cosechados a lo largo de esta jornada son valiosos y transformadores. Pequeños avances diarios se acumulan y generan impactos profundos en la forma en que lidiamos con desafíos y aprovechamos oportunidades. Este ciclo constante de evolución amplía nuestra capacidad de ver más allá de lo obvio, favoreciendo elecciones más asertivas y estratégicas. De esta forma, el conocimiento adquirido no solo agrega valor a la trayectoria profesional, sino que también moldea una mentalidad más resiliente y abierta a nuevas posibilidades.

A lo largo de este proceso, es importante reconocer que el aprendizaje no ocurre de forma lineal. Habrá momentos de dudas, ajustes e incluso retrocesos, pero cada experiencia contribuye al fortalecimiento de las habilidades y del autoconocimiento. Enfrentar estos desafíos con flexibilidad y curiosidad transforma los obstáculos en lecciones valiosas. Así, la búsqueda de crecimiento se convierte en un camino continuo de autodescubrimiento, en el que cada etapa superada reafirma la importancia de seguir adelante con determinación y entusiasmo.

En este escenario, el aprendizaje continuo deja de ser solo una herramienta de desarrollo profesional y se consolida como un estilo de vida. Alimenta el deseo de crecer, inspira cambios positivos y fortalece la confianza para transitar nuevos caminos. Al cultivar esta mentalidad, abrimos puertas para experiencias enriquecedoras y construimos un legado de evolución constante, capaz de impactar no solo nuestra propia trayectoria, sino también el entorno que nos rodea.

Capítulo 23
Donando y Compartiendo

La práctica de donar y compartir fortalece profundamente el flujo de la abundancia en la vida, creando conexiones auténticas y promoviendo el bienestar colectivo. Al ofrecer tiempo, recursos o talentos, se establece un ciclo continuo de prosperidad, donde cada gesto de generosidad no solo beneficia a quien recibe, sino que también expande el potencial de quien dona. Este movimiento de entrega sincera transforma acciones simples en poderosos instrumentos de cambio, reflejando un compromiso genuino con la construcción de una sociedad más justa, solidaria y equilibrada. La generosidad se manifiesta como un elo esencial que conecta a los individuos con oportunidades y experiencias enriquecedoras, promoviendo el crecimiento personal y colectivo.

Cuando las actitudes de donación se incorporan a la vida cotidiana, se convierten en parte de un proceso natural de valoración de lo que ya se tiene y de apertura a nuevas conquistas. Esta disposición para contribuir activa un flujo positivo, que atrae nuevas posibilidades y fortalece la sensación de realización y propósito. Cada acto de compartir no solo suple necesidades inmediatas, sino que también inspira a otras personas a adoptar comportamientos similares, creando una corriente continua de apoyo y colaboración. Así, la generosidad se multiplica, impactando positivamente a comunidades enteras y reforzando lazos interpersonales basados en el respeto y la empatía.

Además de beneficiar directamente a quien recibe, la práctica de donar y compartir proporciona crecimiento emocional y espiritual para quien practica estos gestos. Al dedicar tiempo y recursos para el bien colectivo, se desarrolla una mirada más sensible a las necesidades ajenas y una comprensión más profunda del papel individual en la construcción de un mundo más armonioso. Este proceso despierta la conciencia sobre la importancia de la colectividad, promueve el equilibrio emocional y fortalece valores fundamentales como la compasión, la gratitud y la responsabilidad social. Así, donar y compartir se consolidan como caminos poderosos para alcanzar una vida plena, repleta de significado y abundancia.

Imagine un río caudaloso que sigue su curso, desembocando en el mar y llevando consigo nutrientes que alimentan la vida a su alrededor. Este río no se agota al compartir sus aguas; al contrario, su flujo se renueva y se fortalece, perpetuando el ciclo de la abundancia. Así también es la práctica de donar y compartir: al ofrecer generosamente parte de nuestros recursos, tiempo o talentos, nutrimos otras vidas y, simultáneamente, fortalecemos nuestro propio flujo de prosperidad. Cada gesto de generosidad reverbera como ondas suaves, alcanzando lugares distantes y promoviendo transformaciones profundas, no solo en quien recibe, sino también en quien dona.

Los actos de generosidad tienen el poder de elevar nuestra vibración y alinear nuestros pensamientos y emociones con la frecuencia de la prosperidad. Cuando entregamos algo de corazón abierto, sin esperar nada a cambio, creamos una armonía interna que atrae oportunidades positivas y refuerza la confianza en nuestro propio valor. Es como si, al plantar una semilla de bondad, estuviéramos cultivando un campo fértil de posibilidades que florecen naturalmente en nuestra vida. Este alineamiento con la abundancia nos torna más receptivos a lo nuevo y más seguros para seguir caminos que antes parecían distantes.

Además, donar y compartir son expresiones sinceras de gratitud. Al reconocer los logros que ya forman parte de nuestra vida, abrimos espacio para que nuevas bendiciones lleguen. Este reconocimiento transforma la percepción de lo que tenemos: aquello que antes parecía suficiente pasa a ser visto como abundante. La gratitud crea un ambiente propicio para el crecimiento, pues nos enseña a valorar el presente y a confiar que hay siempre más por alcanzar. Así como el río no guarda sus aguas, sino que las entrega al océano, también nosotros debemos permitir que la generosidad fluya libremente, renovando el ciclo de la abundancia.

La generosidad también tiene el poder de crear y fortalecer conexiones genuinas. Al compartir recursos, tiempo o conocimiento, construimos puentes sólidos basados en la empatía y el respeto mutuo. Estas relaciones sinceras forman una red de apoyo que puede abrir puertas para nuevas oportunidades personales y profesionales. Tal como raíces subterráneas que se entrelazan y sustentan grandes árboles, las conexiones humanas, nutridas por gestos generosos, fortalecen la sensación de pertenencia y estimulan la colaboración en nuestras comunidades.

El impacto de compartir prosperidad va más allá del círculo inmediato de quien recibe. Nuestros gestos inspiran a otras personas a hacer lo mismo, creando una corriente de solidaridad que se expande continuamente. Al demostrar que la abundancia es accesible a todos, motivamos a otros a adoptar actitudes generosas. Así, el impacto de una única acción se multiplica, reverberando en diversas direcciones y generando beneficios colectivos. Este movimiento de inspiración transforma pequeños gestos en grandes cambios sociales, reforzando la idea de que cada contribución, por pequeña que sea, tiene un valor inconmensurable.

Donar y compartir son también instrumentos poderosos para fortalecer comunidades. Cuando invertimos nuestro tiempo, recursos o habilidades en causas sociales, contribuimos a crear un ambiente más justo y equilibrado. El fortalecimiento de las comunidades promueve la igualdad de oportunidades y mejora la calidad de vida de todos sus miembros. Como en un ecosistema bien cuidado, donde cada ser vivo desempeña un papel fundamental, una sociedad solidaria crece de forma saludable y resiliente, permitiendo que todos prosperen juntos.

Además del impacto social, estudios científicos comprueban que los actos de generosidad aumentan nuestra felicidad. La práctica de donar activa áreas del cerebro asociadas al placer y al bienestar, liberando endorfinas que proporcionan una sensación duradera de alegría. Esta felicidad no se limita a momentos pasajeros, sino que contribuye a una salud mental más equilibrada y una vida más satisfactoria. Así como el río siente la ligereza al seguir su curso, nosotros también experimentamos ligereza y plenitud al compartir con el prójimo.

Existen diversas formas de practicar la generosidad. La donación financiera es una de ellas, permitiendo apoyar causas sociales, proyectos comunitarios e instituciones de caridad. Pequeñas contribuciones regulares pueden generar grandes transformaciones cuando se realizan con propósito y consistencia. Así como una gota de agua contribuye a llenar un río, cada valor donado, por pequeño que sea, se suma a un esfuerzo colectivo capaz de cambiar vidas.

El voluntariado es otra expresión poderosa de la generosidad. Dedicar tiempo y habilidades para ayudar en proyectos sociales, eventos comunitarios u organizaciones sin fines de lucro permite vivenciar realidades diferentes, desarrollar empatía y crear conexiones significativas. Al donar nuestro tiempo, no solo ayudamos a los otros, sino que también enriquecemos nuestra propia jornada con experiencias transformadoras.

La donación de bienes materiales también tiene un impacto relevante. Ropa, alimentos, libros u objetos que no utilizamos más pueden ganar un nuevo significado cuando se destinan a quien los necesita. Este gesto simple evita el desperdicio y atiende a necesidades básicas, además de estimular el consumo consciente y la responsabilidad social.

Compartir conocimiento es otra manera de promover el bienestar colectivo. Dividir saberes a través de mentorías, talleres o charlas amplía el aprendizaje y capacita a otras personas a alcanzar sus objetivos. Al enseñar, reforzamos nuestro propio entendimiento y contribuimos a la construcción de una sociedad más educada y colaborativa.

Los gestos simples de gentileza en la vida cotidiana también tienen un poder transformador. Ayudar a alguien con las compras, ceder el lugar en el transporte público u ofrecer una sonrisa son actitudes que crean un ambiente más solidario y acogedor. Estas pequeñas acciones inspiran a otros a hacer el bien, creando una red de apoyo basada en la empatía.

Dedicar tiempo para escuchar y apoyar emocionalmente a quien lo necesita es una forma valiosa de compartir. Estar presente para un amigo, visitar a alguien que se siente solo o simplemente ofrecer compañía son gestos que fortalecen vínculos afectivos y combaten el aislamiento social. Este tipo de cuidado demuestra atención genuina y refuerza la importancia de las conexiones humanas.

Compartir recursos materiales, como herramientas, libros o espacios, promueve la colectividad e incentiva el uso consciente de bienes. Al dividir lo que tenemos, contribuimos a la creación de una cultura de cooperación y sostenibilidad, donde todos pueden beneficiarse de manera justa y equilibrada.

Para que la generosidad sea parte constante de la vida, es importante donar con el corazón. Practicar la donación de forma sincera y espontánea potencializa el impacto positivo y fortalece nuestra conexión con la abundancia. Elegir causas que resuenen con nuestros valores hace que el acto de donar sea aún más significativo, pues nos involucra de manera profunda y auténtica.

Explorar formas creativas de donar amplía nuestro alcance. Organizar campañas, promover recaudaciones o utilizar redes sociales para movilizar ayuda son maneras innovadoras de inspirar a otros a participar. Comenzar con pequeños gestos y mantener la consistencia refuerza el compromiso con el bien colectivo, mientras que compartir nuestras experiencias inspira a más personas a seguir por el mismo camino.

Al integrar la práctica de donar y compartir en nuestra rutina, comprendemos que la verdadera abundancia no está en la acumulación, sino en la capacidad de distribuir y apoyar el crecimiento mutuo. Cada gesto de generosidad se transforma en una semilla plantada, capaz de florecer en nuevas oportunidades y fortalecer la esperanza de un futuro más justo y solidario. Así, cultivamos un mundo donde la prosperidad es compartida y donde el verdadero éxito se mide por el impacto positivo que dejamos en las vidas a nuestro alrededor.

Al integrar la donación y el compartir en su vida, se percibe que estos actos trascienden el simple gesto material, convirtiéndose en parte de un propósito mayor. Cada contribución, por pequeña que parezca, reverbera positivamente, creando un ciclo de beneficios que alcanza a individuos, comunidades y, consecuentemente, al mundo. La verdadera abundancia no reside solo en la acumulación de bienes, sino en la capacidad de distribuir, apoyar e incentivar el crecimiento mutuo. Esta comprensión amplía la visión sobre la prosperidad, transformándola en algo colectivo, accesible y sostenible.

La práctica constante de la generosidad también despierta un sentido de responsabilidad por el bienestar colectivo, reforzando la idea de que todos tienen un papel fundamental en la construcción de una sociedad más igualitaria. Cuando el acto de donar se convierte en parte de la rutina, crea raíces profundas que fortalecen no solo a quien recibe, sino también a quien ofrece. Este equilibrio natural entre dar y recibir alimenta un ambiente donde la empatía florece y la solidaridad se expande, formando bases sólidas para una convivencia más armoniosa y respetuosa.

Así, al elegir donar y compartir con autenticidad, se abre un camino de crecimiento personal y colectivo, donde cada gesto contribuye a un mundo más humano y próspero. La abundancia verdadera se manifiesta cuando entendemos que prosperar es caminar juntos, nutriendo redes de apoyo, confianza e inspiración. En esta jornada, cada acción generosa se transforma en una semilla de cambio, capaz de florecer en nuevas posibilidades y fortalecer la esperanza de un futuro más justo and solidario.

Capítulo 24
Creando Oportunidades

La abundancia es resultado directo de las acciones intencionales y del compromiso en transformar ideas en realidad. Al adoptar una postura proactiva y determinada, es posible abrir caminos para el crecimiento y para nuevas conquistas en diversas áreas de la vida. Este proceso exige iniciativa, creatividad y la disposición de asumir riesgos calculados, permitiendo que cada paso dado se convierta en una oportunidad concreta de evolución. Cuando se actúa con claridad de propósito y dedicación, el ambiente alrededor responde, creando condiciones favorables para el éxito y para que la prosperidad se manifieste de forma consistente. Así, la construcción de oportunidades pasa a ser una práctica continua, donde cada decisión estratégica amplía las posibilidades de realización personal y profesional.

La creación de oportunidades involucra más que esperar que las circunstancias cambien; se trata de actuar con foco y planificación para generar cambios efectivos. Esto requiere identificar talentos, fortalecer habilidades y explorar caminos innovadores que puedan conectar sueños con resultados concretos. La búsqueda constante por conocimiento y el cultivo de relaciones sólidas son herramientas esenciales en este proceso, pues amplían las perspectivas y facilitan el acceso a nuevas posibilidades. Cada acción tomada con valentía e intención no solo acerca a los objetivos deseados, sino que también fortalece la autoconfianza y la resiliencia frente a los desafíos, transformando obstáculos en impulsos para el crecimiento.

Al mantener una mentalidad abierta y adaptable, se vuelve posible vislumbrar oportunidades incluso en las situaciones más desafiantes. El éxito surge de la suma de pequeñas acciones diarias realizadas con persistencia y entusiasmo, creando un ciclo continuo de evolución. La audacia de proponer soluciones, experimentar nuevas ideas y actuar con ética construye una base sólida para alcanzar metas ambiciosas. Así, el camino para la abundancia es pavimentado por actitudes consistentes y por la capacidad de transformar cada experiencia en aprendizaje y avance, haciendo de la creación de oportunidades un proceso natural y constante.

Imagine un agricultor que, antes incluso de lanzar sus semillas al suelo, dedica tiempo a preparar la tierra con cuidado. Ara el suelo, remueve las impurezas, elige las mejores semillas y, con paciencia, riega la plantación, atento a los cambios del clima y a las necesidades de las plantas. Este agricultor no depende del azar para cosechar buenos frutos; crea las condiciones ideales para que la cosecha sea abundante. Así también es el proceso de crear oportunidades en la vida: exige preparación, dedicación y acción constante. No basta esperar que las circunstancias cambien. Es preciso actuar con propósito, sembrar ideas, nutrir proyectos y cuidar de cada etapa hasta que los resultados florezcan.

Asumir la responsabilidad por crear oportunidades es salir de la posición de espectador y convertirse en el protagonista de la propia historia. Se trata de actuar con intención, identificando y cultivando posibilidades que puedan transformar sueños en realidad. Cuando decides salir de la zona de confort y explorar nuevos caminos, amplías significativamente tu horizonte de posibilidades. Este movimiento permite descubrir talentos ocultos, adquirir habilidades desconocidas y involucrarte en proyectos innovadores que antes parecían distantes. Así como una nueva semilla puede sorprender con flores nunca vistas, cada experiencia vivida con valentía y curiosidad abre puertas para conquistas antes inimaginables.

Buscar nuevas oportunidades también alimenta la creatividad. Al enfrentarse con desafíos y buscar soluciones, la mente se ve incentivada a pensar de forma diferente, conectando ideas de campos diversos y adaptando conceptos antiguos a nuevas realidades. La creatividad, en este contexto, es como el suelo fértil que acoge la semilla: cuanto más bien cuidado y diversificado, más rica será la cosecha. Permitirse experimentar, arriesgar y aprender con cada intento fortalece esta habilidad, volviéndola esencial para transformar obstáculos en posibilidades concretas.

Cada paso dado en dirección a los objetivos fortalece la autoconfianza. Al conquistar pequeñas metas, validas tu capacidad de realizar cambios significativos en tu vida. Este fortalecimiento interno se traduce en la manera en que te enfrentas a los desafíos: con más valentía, disposición para asumir riesgos y fe en tu potencial. Así como el agricultor observa los primeros brotes y siente la certeza de que la cosecha vendrá, cada pequeña victoria refuerza la creencia de que grandes conquistas son posibles.

Demostrar iniciativa y determinación es enviar al universo una señal clara de que estás listo para recibir y aprovechar nuevas oportunidades. Este alineamiento de acción y propósito crea un flujo positivo, atrayendo conexiones, recursos y situaciones favorables. Es como un campo bien cultivado que atrae la lluvia en el momento preciso: cuanto más actúas con foco, más puertas se abren, permitiendo que la abundancia fluya naturalmente en todas las áreas de tu vida.

Para que este ciclo de creación de oportunidades suceda de forma consistente, es fundamental comenzar con claridad de objetivos. Establecer metas concretas y específicas funciona como el agricultor que elige cuidadosamente qué semillas plantar. Saber exactamente a dónde quieres llegar direcciona tus esfuerzos y hace más eficaz el camino hacia tus objetivos. Con plazos y etapas bien definidas, tus acciones ganan foco y se vuelven más estratégicas.

Identificar tus pasiones y talentos también es un paso esencial. Cuando reconoces lo que realmente te entusiasma y las habilidades en las que destacas, se vuelve posible alinear estos elementos con proyectos que tengan significado. Este equilibrio entre pasión y competencia mantiene la motivación elevada y crea una base sólida para alcanzar el éxito. Tal como el agricultor elige cultivos adecuados al clima y al suelo, direccionar esfuerzos hacia áreas en las que tienes afinidad aumenta las posibilidades de crecimiento consistente.

Expandir tu red de contactos es otra práctica vital. Construir relaciones con personas que comparten intereses similares o que pueden abrir puertas a nuevas oportunidades fortalece tu camino. Participar en eventos, integrar comunidades o simplemente estar abierto al diálogo amplía las conexiones y potencializa las posibilidades de desarrollo personal y profesional. Así como el agricultor se conecta con otros productores para aprender nuevas técnicas, el networking permite el intercambio de experiencias y el acceso a recursos valiosos.

El aprendizaje continuo es el fertilizante de este proceso. Invertir en cursos, lecturas y vivencias amplía tus habilidades y te mantiene actualizado con las tendencias del mercado. Estar preparado con nuevos conocimientos aumenta tu competitividad y abre espacio para soluciones innovadoras. Cuanto más te dedicas a aprender, más fértil se vuelve el suelo donde tus ideas pueden crecer.

La proactividad es el agua que hace germinar la semilla. No esperar que las oportunidades aparezcan, sino ir al encuentro de ellas, es lo que transforma intenciones en resultados. Proponer proyectos, sugerir mejoras, presentar ideas y buscar activamente nuevas posibilidades son actitudes que impulsan el progreso. Así como el agricultor que no espera la lluvia, sino que riega su campo, necesitas actuar para que las oportunidades florezcan.

Ser persistente ante los desafíos es otro pilar fundamental. Los obstáculos son inevitables, pero la persistencia es lo que diferencia a quien alcanza sus metas de quien desiste en el camino. Cada dificultad enfrentada es una oportunidad de aprendizaje y ajuste de estrategias. Así como el agricultor enfrenta plagas e inclemencias del tiempo, pero adapta sus métodos para proteger la cosecha, debes aprender de los desafíos y seguir avanzando con foco y resiliencia.

Es también necesario aprovechar las oportunidades que surgen, incluso si no están directamente alineadas con tus objetivos iniciales. Muchas veces, las mejores oportunidades aparecen de forma inesperada y pueden abrir caminos aún más prometedores. La flexibilidad para reconocer y abrazar estos momentos es crucial. Así como una planta se adapta al suelo donde fue lanzada, ser flexible ante nuevas circunstancias te permite crecer en cualquier terreno.

La valentía es el impulso final que transforma la planificación en acción. Enfrentar miedos, salir de la zona de confort y tomar decisiones audaces son actitudes indispensables para crear y aprovechar oportunidades. Confiar en el propio potencial y abrazar desafíos es como el agricultor que decide plantar una nueva cosecha, incluso sin garantías de clima favorable. Es esta valentía la que permite explorar nuevas posibilidades y alcanzar grandes resultados.

Mantener una actitud positiva a lo largo del camino es igualmente importante. El optimismo fortalece la resiliencia e influye en la forma en que eres percibido por las personas a tu alrededor. Creer en tu potencial crea un ambiente propicio para que nuevas posibilidades surjan. Así como el sol ilumina y calienta la plantación, la positividad alimenta el suelo donde las oportunidades pueden florecer.

Por último, la creación de oportunidades es un proceso colaborativo. Estar rodeado de personas que comparten valores similares potencia el alcance de tus metas. Las relaciones genuinas y los intercambios sinceros crean un ambiente fértil para nuevas ideas y proyectos. Así, al unir tu iniciativa personal con el poder de la colaboración, fortaleces tu trayectoria y transformas desafíos en posibilidades.

De este modo, crear oportunidades es más que un acto aislado: es un estilo de vida. Cada decisión estratégica, cada riesgo asumido y cada paso dado con propósito forman el camino sólido para una vida plena de realizaciones. Así como la cosecha generosa es resultado del cuidado constante, la abundancia se manifiesta para aquellos que cultivan, con dedicación y valentía, el terreno fértil de las oportunidades.

Crear oportunidades es un ejercicio continuo de autoconocimiento y acción dirigida. Al reconocer tus logros y aprender de los desafíos enfrentados, fortaleces la base para avanzar con más seguridad y claridad. Cada experiencia vivida, sea de éxito o de superación, contribuye a moldear una mentalidad resiliente y estratégica. Este ciclo de aprendizaje constante amplía tu capacidad de identificar momentos propicios y actuar con confianza, haciendo que la jornada hacia la abundancia sea más consistente y significativa.

Además, es fundamental valorar las pequeñas victorias a lo largo del camino, pues son ellas las que mantienen el entusiasmo y alimentan la motivación para seguir adelante. Cada paso dado con propósito refuerza el compromiso con tus objetivos y crea un efecto acumulativo de progreso. La celebración de estas conquistas no solo fortalece la autoconfianza, sino que también inspira nuevas ideas e impulsa la búsqueda de resultados aún más expresivos. Así, el camino hacia el crecimiento se vuelve más ligero y gratificante, permitiéndote continuar avanzando con determinación.

Por último, recordar que la creación de oportunidades es un proceso colaborativo puede abrir puertas inimaginables. Rodearse de personas que comparten valores y objetivos similares potencia el alcance de metas y estimula el desarrollo mutuo. Las conexiones genuinas y el intercambio de experiencias crean un ambiente fértil para el surgimiento de nuevas ideas y proyectos. De esta forma, al combinar iniciativa personal con el poder de la colaboración, fortaleces tu trayectoria, transformas desafíos en posibilidades y construyes, día tras día, el camino sólido para una vida plena de abundancia y realizaciones.

Capítulo 25
Celebrando el Éxito

Reconocer y celebrar el propio éxito es una práctica fundamental para consolidar los logros e impulsar nuevos avances. Cada meta alcanzada representa el resultado de esfuerzo, dedicación y superación de desafíos, siendo esencial valorar estos momentos como parte del proceso de crecimiento. Al celebrar las victorias, se fortalece la autoconfianza, se refuerza la motivación y se crea un ciclo positivo que estimula la búsqueda de nuevos objetivos. Este reconocimiento personal no solo valida la jornada recorrida, sino que también amplía la percepción de merecimiento, haciendo el camino hacia el éxito más ligero y satisfactorio.

La celebración de los logros va más allá de un simple gesto de conmemoración; sirve como una poderosa herramienta de incentivo continuo. Al dar valor a los propios resultados, por menores que sean, se desarrolla una mentalidad de abundancia que atrae aún más oportunidades. Este hábito de gratitud y reconocimiento propio despierta una energía positiva que influye directamente en la forma en que se enfrentan los desafíos futuros. Celebrar el éxito es un recordatorio constante de que se está progresando y de que cada paso dado acerca aún más a los sueños deseados.

Permitirse celebrar es también una forma de mantener el equilibrio entre esfuerzo y recompensa, reconociendo la importancia del descanso y del placer a lo largo de la jornada. Esta práctica fortalece no solo el bienestar emocional, sino que también estimula la creatividad y la disposición para afrontar nuevos desafíos. Al valorar cada etapa conquistada, se construye una base sólida de autoconfianza y entusiasmo, creando un ambiente propicio para continuar avanzando con determinación. De esta manera, celebrar el éxito se convierte en un acto esencial para mantener la motivación y abrir caminos para conquistas aún mayores.

Imagine un atleta que cruza la línea de meta tras una larga y agotadora competición. Al levantar el trofeo, no celebra solo la victoria momentánea, sino todo el camino recorrido: los entrenamientos diarios, los dolores superados, las derrotas que le enseñaron y los pequeños logros que lo impulsaron. Ese momento de celebración es una consagración del esfuerzo y una reafirmación de que es capaz de ir más allá. De la misma forma, celebrar cada conquista, por pequeña que sea, es esencial para alimentar la autoconfianza, reforzar la creencia en el propio potencial y abrir camino para nuevas victorias.

Celebrar el éxito no es solo un acto de conmemoración; es una poderosa herramienta de fortalecimiento personal. Cada victoria reconocida, sea grande o pequeña, valida el esfuerzo invertido y refuerza la certeza de que el camino recorrido es el correcto. Este reconocimiento crea una mentalidad de abundancia, donde cada conquista se transforma en combustible para nuevas metas. Así como el atleta que siente el impulso de buscar nuevos desafíos tras saborear la victoria, usted también se sentirá más motivado a seguir adelante, sabiendo que es capaz de superar obstáculos y realizar grandes hazañas.

Reconocer el propio mérito fortalece la autoconfianza. Al valorar sus conquistas, usted refuerza la percepción de que es digno de alcanzar lo que desea. Esta validación interna amplía su capacidad de afrontar desafíos con valentía y determinación. Cada celebración se transforma en una confirmación de que el esfuerzo vale la pena, fortaleciendo la resiliencia frente a las adversidades. Es como si, a cada paso conquistado, usted construyera una base sólida sobre la cual nuevas oportunidades y desafíos pueden ser enfrentados con más seguridad.

Además de fortalecer la autoconfianza, celebrar el éxito crea un ciclo virtuoso de positividad. La energía generada por el reconocimiento de cada conquista se multiplica, atrayendo aún más prosperidad y oportunidades. Este flujo constante de gratitud y entusiasmo amplía su percepción sobre lo que es posible conquistar, haciendo el proceso de alcanzar objetivos más ligero y placentero. Cuanto más celebra, más motivado se siente para continuar avanzando, nutriendo un ciclo continuo de crecimiento.

Compartir las victorias con otras personas potencializa aún más este proceso. Dividir momentos de éxito con familiares, amigos y colegas crea conexiones más profundas e inspira a quienes están a su alrededor. Cuando celebra en conjunto, construye un ambiente de apoyo mutuo y motivación colectiva, donde cada conquista individual contribuye al crecimiento de todos. Así como una afición que vibra con la victoria del atleta, el apoyo de las personas a su alrededor fortalece la confianza e incentiva la búsqueda de nuevos desafíos.

Para celebrar el éxito de forma significativa, es importante reconocer cada conquista, independientemente del tamaño. Valorar cada avance, cada obstáculo superado y cada aprendizaje adquirido es esencial para mantener el entusiasmo y la motivación. Este reconocimiento constante refuerza el compromiso con sus objetivos y transforma el progreso en algo palpable, capaz de impulsar nuevos pasos.

Expresar gratitud es otro aspecto fundamental de la celebración. Agradecerse a sí mismo por el esfuerzo dedicado, a las personas que apoyaron su jornada y a las oportunidades que surgieron amplía la sensación de realización. La gratitud crea un flujo positivo de energía, abriendo espacio para nuevas conquistas y fortaleciendo la mentalidad de abundancia. Este sentimiento genuino de apreciación transforma el camino recorrido en una fuente constante de inspiración.

Premiarse por cada meta alcanzada es una forma concreta de reconocer su empeño. Escoger una recompensa significativa, ya sea una experiencia especial, un momento de autocuidado o la realización de un deseo antiguo, refuerza el valor de la conquista. Este gesto de autorreconocimiento funciona como un estímulo positivo, incentivando la disciplina y la motivación para afrontar nuevos desafíos. Así, se recuerda que cada victoria merece ser celebrada de forma única.

Registrar sus conquistas también es una manera eficaz de mantener viva la motivación. Documentar sus victorias en un diario, mural o álbum crea un espacio visual y emocional donde puede revisitar sus progresos siempre que necesite inspiración. Este registro sirve como una prueba concreta de cuánto ha evolucionado, reforzando la autoconfianza y renovando el compromiso con sus metas futuras.

Crear rituales de celebración hace cada victoria aún más significativa. Ya sea encendiendo una vela, haciendo un brindis, escuchando una música especial o realizando una actividad placentera, estos rituales simbolizan sus conquistas y crean memorias afectivas. Incorporar prácticas que representen su éxito fortalece el significado emocional de las victorias y transforma el acto de celebrar en una experiencia única y memorable.

Permitirse momentos de descanso y diversión tras alcanzar una meta importante también es fundamental. El equilibrio entre esfuerzo y recompensa es esencial para mantener el bienestar físico y emocional. Reservar tiempo para relajarse y disfrutar de momentos de ocio renueva las energías y previene el agotamiento, preparándolo para afrontar nuevos desafíos con más disposición.

Tras cada celebración, es importante revisar sus objetivos. Reflexionar sobre la jornada recorrida y ajustar los próximos pasos permite identificar nuevas oportunidades de crecimiento. Este proceso continuo de evaluación y planificación garantiza que permanezca alineado con sus sueños y desafíos, manteniendo el ciclo de progreso en constante movimiento.

Celebrar los pequeños progresos a lo largo de la jornada es tan importante como celebrar grandes conquistas. Cada avance, por pequeño que sea, representa un paso esencial hacia sus objetivos. Valorar estos momentos mantiene la motivación elevada y refuerza la importancia de la consistencia. Así, reconoce que cada pequeña victoria contribuye a la construcción de resultados grandiosos.

De la misma forma, celebrar los desafíos superados es fundamental. Cada obstáculo vencido demuestra su fuerza y capacidad de adaptación. Al reconocer estas superaciones, transforma las dificultades en aprendizajes valiosos, fortaleciendo su autoconfianza y preparándose para afrontar nuevos desafíos con más valentía.

Más que celebrar resultados, es esencial valorar la jornada. La verdadera realización está en apreciar cada etapa del camino, con sus aprendizajes y experiencias. Celebrar el proceso hace la caminata más ligera y placentera, reduciendo la ansiedad por el futuro y permitiendo que viva plenamente cada momento.

Incorporar la celebración al día a día transforma el éxito en un proceso continuo y placentero. Este hábito permite que reconozca el valor del esfuerzo diario, transformando el camino en algo tan gratificante como la llegada. Celebrar se convierte, así, en un puente entre lo que ya se ha conquistado y lo que aún está por venir, nutriendo la motivación y renovando el entusiasmo para seguir avanzando.

Al comprender que cada victoria conlleva lecciones importantes, fortalece una mentalidad de crecimiento constante. Celebrar no es solo festejar resultados, sino honrar el proceso, las elecciones y los ajustes realizados a lo largo del camino. Este equilibrio entre esfuerzo y reconocimiento sustenta logros duraderos e impulsa la búsqueda de desafíos más ambiciosos.

Permitirse celebrar es, sobre todo, respetar su propia historia. Es reconocer cuánto ha evolucionado y valorar cada paso dado. Es en este espacio de gratitud y reconocimiento que nacen nuevas ideas, se renuevan las energías y se fortalece la confianza para avanzar. Cada celebración es un recordatorio poderoso de que es capaz de ir más allá, consolidando el camino para una vida plena de significado, prosperidad y realizaciones.

Al incorporar la celebración como parte natural de la jornada, pasa a ver el éxito no como un destino final, sino como una construcción continua. Esta mirada atenta a cada conquista permite reconocer el valor del esfuerzo diario y transforma el camino en algo tan gratificante como la propia llegada. Así, la celebración se convierte en un puente entre lo que ya se ha alcanzado y lo que aún está por venir, nutriendo la motivación y renovando el entusiasmo para afrontar nuevos desafíos con confianza y determinación.

Además, comprender que cada victoria lleva aprendizajes esenciales fortalece la mentalidad de evolución constante. Celebrar no es solo reconocer resultados, sino también honrar el proceso, las elecciones y las adaptaciones realizadas a lo largo del recorrido. Este equilibrio entre esfuerzo y reconocimiento genera una base sólida para sustentar logros duraderos e impulsa la búsqueda de metas más desafiantes, con la certeza de que cada paso, por pequeño que sea, contribuye a la construcción de una trayectoria de éxito.

Por lo tanto, permitirse celebrar es respetar su propia historia y reconocer cuánto ha evolucionado. Es en este espacio de gratitud y valoración personal que surgen nuevas ideas, se renuevan las energías y se fortalece la confianza para seguir avanzando. Así, cada celebración se convierte en un recordatorio poderoso de que es capaz de realizar aún más, consolidando el camino para una vida plena de significado, prosperidad y conquistas genuinas.

Capítulo 26
Actitud de Gratitud

La gratitud es una fuerza transformadora que potencia la forma en que la vida se desarrolla, creando un flujo constante de abundancia y bienestar. Reconocer y valorar cada conquista, cada gesto de bondad y cada oportunidad recibida fortalece una conexión profunda con todo lo que ya se ha alcanzado. Esta consciencia activa un ciclo positivo, en el cual la apreciación sincera de las pequeñas y grandes bendiciones atrae naturalmente nuevas experiencias enriquecedoras. Así como un terreno fértil acoge semillas que crecen y florecen, la mente agradecida se convierte en suelo propicio para la prosperidad, la alegría y las realizaciones continuas.

Al adoptar la gratitud como un modo de vivir, es posible percibir que cada aspecto de la vida —desde las situaciones desafiantes hasta los momentos más simples— lleva lecciones valiosas y oportunidades de crecimiento. Esta perspectiva amplía la visión sobre el propio camino, permitiendo que los obstáculos sean encarados como peldaños para el desarrollo personal. Con este entendimiento, la búsqueda incesante por más se transforma en contentamiento con lo que ya se tiene, generando equilibrio y armonía. Este estado de apreciación genuina crea espacio para que nuevas oportunidades surjan de manera natural y fluida.

Vivir con gratitud significa alinear pensamientos y emociones a una vibración positiva que reverbera en todas las áreas de la vida. Este alineamiento fortalece la salud emocional, física y espiritual, proporcionando claridad mental, serenidad y disposición para afrontar los desafíos diarios. Al nutrir este sentimiento, cada conquista se vuelve más significativa y cada interacción más profunda. Así, la gratitud pasa a ser no solo una respuesta a acontecimientos positivos, sino una elección diaria y consciente de reconocer el valor presente en cada instante de la jornada.

Imagine un vaso de vidrio, limpio y lleno hasta el borde con agua cristalina. Al intentar añadir más agua, inevitablemente rebosará, escurriendo por los lados y perdiéndose. Así también sucede con la vida cuando no se reconoce y valora la abundancia ya presente. Ignorar las bendiciones que rodean el día a día es como intentar llenar ese vaso sin darse cuenta de que ya está lleno. La gratitud actúa como el gesto de parar, observar y apreciar la plenitud de ese vaso, creando espacio para que nuevas experiencias puedan ser acogidas. Al reconocer sinceramente lo que ya se tiene, se abre camino para que el universo continúe ofreciendo más bendiciones, permitiendo la manifestación de sueños y la construcción de la vida deseada.

Esta actitud de gratitud va mucho más allá de un sentimiento momentáneo; representa una decisión consciente de dirigir el foco hacia lo que hay de positivo y abundante. Es como abrir una ventana y permitir que la luz del sol ilumine el interior de una habitación antes oscura. Al cultivar esta mirada atenta a las pequeñas y grandes bendiciones, la vibración personal se eleva, creando un campo energético que naturalmente atrae nuevas oportunidades. Este estado elevado de consciencia no solo amplía la percepción sobre el mundo que nos rodea, sino que también sintoniza mente y cuerpo con posibilidades que antes parecían distantes. La vida, entonces, fluye con más ligereza, y los objetivos se vuelven más accesibles, como frutos maduros listos para ser cosechados.

Además de influir en la esfera emocional, la gratitud ejerce efectos profundos sobre la salud física. Practicarla regularmente desencadena reacciones positivas en el cuerpo, reduciendo la producción de hormonas relacionadas con el estrés, como el cortisol, y estimulando la liberación de sustancias benéficas, como la serotonina y la dopamina. Este equilibrio químico fortalece el sistema inmunológico, elevando la producción de anticuerpos y células de defensa. Así, la gratitud se convierte en una aliada silenciosa en la prevención de enfermedades y en la promoción de una salud más robusta, creando una armadura invisible que protege el cuerpo y la mente.

La serenidad también encuentra terreno fértil en la práctica constante de la gratitud. Al desviar el foco de preocupaciones excesivas y pensamientos negativos, la mente pasa a habitar más el presente y menos los escenarios de ansiedad. Este redireccionamiento mental suaviza el peso del día a día, permitiendo que los desafíos sean enfrentados con más calma y claridad. Como una brisa suave que disipa la niebla, la gratitud aclara el camino, haciéndolo menos arduo y más comprensible.

El reflejo de esta serenidad se extiende hasta el descanso nocturno. Incorporar la gratitud a la rutina antes de dormir transforma el momento de reposo en una pausa restauradora. Al revisitar mentalmente los acontecimientos positivos del día, la mente se calma, disolviendo inquietudes y favoreciendo un sueño profundo y reparador. Esta práctica simple es como arrullar la propia alma en confort, asegurando que el amanecer traiga más disposición y ánimo para afrontar el nuevo día.

Reconocer las propias conquistas, por pequeñas que sean, fortalece la autoestima de manera significativa. A cada paso valorado, la autoconfianza se expande, moldeando una postura más segura ante la vida. Celebrar las victorias diarias, incluso las discretas, es como plantar semillas que, con el tiempo, crecen y se transforman en un bosque de amor propio y determinación. Este proceso alimenta la percepción de valor personal y amplía la capacidad de encarar desafíos con firmeza y valentía.

En las relaciones, la gratitud se presenta como un lazo invisible que fortalece los vínculos afectivos. Pequeños gestos de reconocimiento, como un agradecimiento sincero o un elogio espontáneo, crean puentes de empatía y reciprocidad. Estos gestos, por más simples que sean, tienen el poder de suavizar conflictos, profundizar conexiones y transformar el entorno en un espacio más armonioso y acogedor. La gratitud compartida se multiplica, reverberando en relaciones más auténticas y sostenibles.

Al mismo tiempo, esta práctica continua de reconocer y valorar lo que se tiene despierta una felicidad genuina. La gratitud amplía la capacidad de encontrar alegría en las pequeñas cosas, transformando el día a día en un escenario repleto de momentos preciosos. La percepción optimista que surge de esta apreciación constante reconfigura la forma en que se ve la vida, cultivando un contentamiento duradero que no depende de circunstancias externas.

Para nutrir este estado de gratitud, pequeños hábitos diarios hacen toda la diferencia. Mantener un diario de gratitud, por ejemplo, es una forma práctica de registrar las experiencias, personas y momentos que despiertan este sentimiento. Escribir sobre la simplicidad de un café caliente por la mañana o sobre una conversación agradable con un amigo refuerza la percepción de que siempre hay algo por lo que agradecer. Este ejercicio de reflexión diaria fortalece la mente para percibir nuevas razones para sentirse agradecido, creando un ciclo virtuoso de apreciación.

Otra práctica eficaz es la de agradecer antes de dormir. Al cerrar los ojos y revisitar mentalmente las pequeñas victorias y aprendizajes del día, la mente se tranquiliza, y el cuerpo se prepara para un descanso más profundo. Este momento de reflexión no solo mejora la calidad del sueño, sino que también prepara el subconsciente para despertar con más ligereza y disposición.

Expresar gratitud a los demás también es fundamental. No dejar que el reconocimiento se quede solo en el pensamiento, sino verbalizarlo, hace el sentimiento aún más poderoso. Un simple "gracias" o un elogio sincero puede fortalecer lazos y esparcir positividad alrededor. Este gesto, cuando es genuino, crea un ciclo de buenas energías, nutriendo las relaciones y haciendo los ambientes más ligeros.

Escribir cartas de gratitud es otra forma profunda de manifestar este sentimiento. Dedicar tiempo para expresar, en palabras, cómo alguien impactó positivamente su vida no solo fortalece el vínculo con esa persona, sino que también proporciona una sensación de conexión y realización personal. Esta práctica transforma el simple acto de agradecer en un regalo que toca profundamente a quien lo recibe.

Así, la gratitud trasciende el simple reconocimiento de lo que es positivo; se convierte en un estilo de vida, una postura constante de valoración del presente. A cada nueva oportunidad reconocida y apreciada, más espacio se crea para la manifestación de nuevos sueños y realizaciones. Como el vaso de agua que, al ser cuidadosamente equilibrado, puede recibir más sin rebosar, la vida, cuando se vive con gratitud, se expande de forma armoniosa, acogiendo con ligereza y plenitud todo aquello que el universo tiene para ofrecer.

Cuando la gratitud se convierte en parte integrante de la vida, cada experiencia, sea desafiante o placentera, es percibida como una oportunidad de aprendizaje y evolución. Esta mirada atenta y apreciativa transforma la manera en que interactuamos con el mundo, haciéndonos más abiertos, resilientes y empáticos. Al reconocer el valor de cada momento, pasamos a vivir con más propósito, conectándonos con aquello que realmente importa y alejándonos de preocupaciones innecesarias. Este estado de consciencia nos conduce a una existencia más plena, donde el simple acto de agradecer se refleja en actitudes más positivas y constructivas.

Este flujo continuo de gratitud no solo enriquece la propia jornada, sino que también influye positivamente en quienes nos rodean. Pequeños gestos de reconocimiento tienen el poder de inspirar y transformar ambientes, creando una red de energía positiva que se expande de forma natural. Al expresar gratitud, contribuimos a la construcción de relaciones más sólidas y auténticas, favoreciendo la cooperación, el respeto mutuo y el crecimiento colectivo. Así, la práctica de la gratitud trasciende lo individual y pasa a ser una fuerza de transformación social, capaz de generar un impacto positivo en diferentes esferas de la vida.

Comprender la gratitud como un camino continuo y no como un destino final nos permite mantener el corazón abierto a nuevas experiencias y aprendizajes. Este movimiento constante de reconocer y valorar cada etapa de la vida nos fortalece frente a las incertidumbres y nos impulsa a seguir con ligereza y confianza. Al cultivar esta actitud diariamente, nos convertimos en co-creadores de una realidad más armoniosa y significativa, donde cada paso dado es celebrado y cada conquista, grande o pequeña, es recibida con un sincero sentimiento de apreciación.

Capítulo 27
Visualizando el Futuro

Visualizar el futuro consiste en dirigir la mente de forma consciente para construir la realidad deseada con claridad y propósito. Se trata de crear mentalmente escenarios concretos e inspiradores, donde cada detalle refleje los objetivos que se busca alcanzar. Este proceso no depende solo de la imaginación, sino de la capacidad de conectar pensamientos, emociones y acciones en una sintonía que impulsa la realización personal y profesional. Al desarrollar una visión clara y envolvente de lo que se desea conquistar, la mente se alinea naturalmente con actitudes y decisiones que favorecen la concretización de esos planes. Así, la visualización deja de ser un simple ejercicio mental y se transforma en una herramienta práctica para transformar intenciones en resultados tangibles.

Este método fortalece la autoconfianza y la determinación, permitiendo que las metas sean trazadas con mayor precisión y que los obstáculos sean encarados con resiliencia. Cuando la mente es entrenada para enfocar en las conquistas futuras, cada paso dado en el presente gana más significado y dirección. Esa claridad de propósito elimina distracciones y potencializa la capacidad de identificar oportunidades, facilitando la toma de decisiones estratégicas. La conexión entre pensamiento positivo y acción consistente crea un ambiente interno favorable para el crecimiento personal, motivando la búsqueda constante por la evolución y el perfeccionamiento.

Al integrar la visualización al cotidiano, la persona pasa a cultivar una mentalidad de abundancia y prosperidad. Ese alineamiento interno favorece la atracción de recursos, personas y circunstancias que colaboran para la concretización de los objetivos. La práctica continua de este proceso fortalece el compromiso con los propios sueños, ampliando la motivación y la energía para superar desafíos. Así, la visualización se torna un poderoso alicerce para construir una vida plena, guiada por intenciones claras, foco y acciones alineadas con el éxito y la realización personal.

Imagine un arquitecto delante de una hoja en blanco. Antes de que cualquier trazo sea esbozado, él ya ve, en su mente, el edificio listo. Cada detalle —de las líneas estructurales a los materiales escogidos, de las ventanas que capturan la luz al diseño de los interiores— gana forma con nitidez. Nada es dejado al azar. Esa visualización completa orienta todas las etapas de la construcción, garantizando que el resultado final sea fiel a su concepción inicial. De la misma forma, al visualizar su futuro, usted se transforma en el arquitecto de su propia vida, diseñando con claridad e intención cada aspecto de la realidad que desea vivir. A cada imagen mental detallada, usted construye el alicerce para un futuro sólido, guiado por propósito y determinación.

Así como el arquitecto necesita de una planta bien definida para materializar su obra, visualizar el futuro permite transformar deseos abstractos en objetivos concretos. Esa claridad es esencial para establecer prioridades y trazar caminos viables para alcanzar metas. Cuando se consigue visualizar con riqueza de detalles lo que se desea conquistar, las decisiones se vuelven más estratégicas, las acciones más direccionadas, y las oportunidades pasan a ser reconocidas con más facilidad. Este proceso no apenas organiza pensamientos, sino que también despierta la motivación necesaria para actuar con foco y persistencia, tornando la jornada más fluida y eficiente.

Esta práctica continua de visualizar el futuro alimenta una motivación genuina. Al imaginarse viviendo la vida ideal, esa imagen mental funciona como un combustible emocional. El entusiasmo generado por esa proyección impulsa la acción, manteniendo el foco incluso delante de los desafíos. Cada dificultad se transforma en un escalón, y cada obstáculo, en una oportunidad de crecimiento. La mente, nutrida por esas imágenes positivas, pasa a operar en sintonía con las metas trazadas, creando un ciclo de motivación constante y duradera.

Más que motivación, la visualización fortalece la creencia en la realización. Cuando usted se ve alcanzando sus metas, experimenta mentalmente la sensación de victoria, reduciendo dudas e inseguridades. Esa vivencia simbólica de las conquistas crea una base sólida de autoconfianza. La mente pasa a creer, con convicción, que esos objetivos son posibles y accesibles. Con eso, usted actúa con más coraje y determinación, avanzando con firmeza en dirección a sus sueños.

Esa conexión entre pensamiento y realidad también involucra un alineamiento energético. Visualizar frecuentemente aquello que se desea atrae circunstancias, recursos y personas que favorecen la realización de esos objetivos. Es como ajustar una frecuencia de radio hasta captar la señal perfecta: pensamientos y emociones entran en armonía con la vibración de lo que se quiere manifestar. Así, el ambiente a su alrededor empieza a reflejar esa nueva sintonía, tornando el proceso de concretización más natural y espontáneo.

Para que la visualización sea eficaz, es necesario crear un ambiente propicio. Encontrar un lugar tranquilo, donde la mente pueda relajar sin interrupciones, es el primer paso. Puede ser un rincón silencioso de la casa, un espacio al aire libre o cualquier local que inspire calma. En ese ambiente, el cuerpo se relaja, la respiración se profundiza y la mente se libera de las distracciones. Ese estado de serenidad abre camino para que la imaginación fluya de forma vívida y envolvente.

Definir objetivos claros y específicos también es esencial. Reflexionar profundamente sobre lo que realmente se desea alcanzar ayuda a alinear sueños con valores personales. Es importante ser detallista: ¿cómo se ve usted profesionalmente? ¿Qué tipo de relaciones desea cultivar? ¿Qué estilo de vida anhela? Cuanto más preciso sea ese panorama, más fuerte será el impacto de la visualización. Metas claras se transforman en mapas detallados, guiando cada paso en dirección a la realización.

Durante este proceso, la creación de imágenes mentales vívidas es fundamental. No basta imaginar de forma superficial. Es necesario visualizar con riqueza de detalles: el ambiente alrededor, los colores, los sonidos, los aromas e incluso las sensaciones táctiles. Imagine cómo usted se mueve en ese espacio, cómo interactúa con las personas, cómo reacciona delante de las situaciones. Esa experiencia mental intensa activa el subconsciente y estimula la creatividad, tornando más palpable la transformación de esas imágenes en realidad.

Más que ver, es preciso sentir. Conectarse con las emociones que acompañan la realización de sus objetivos intensifica el impacto de la visualización. Experimente la alegría de la conquista, la gratitud por cada avance, la paz por estar recorriendo el camino correcto. Esas emociones elevan la vibración energética, profundizando la conexión entre mente y universo. Al sentirse merecedor de esas conquistas, usted crea un ambiente interno favorable para que se manifiesten.

Afirmaciones positivas complementan este proceso. Repetir frases que refuercen la confianza en los propios sueños consolida la conexión entre pensamiento y acción. Frases como "Soy plenamente capaz de conquistar mis objetivos" o "Mi vida está en constante evolución y prosperidad" deben ser dichas con convicción. Esta práctica no solo alimenta la autoconfianza, sino que también mantiene el foco y la determinación.

La gratitud también desempeña un papel esencial. Agradecer como si sus objetivos ya hubieran sido alcanzados fortalece la vibración positiva y atrae aún más oportunidades. Ese sentimiento sincero de gratitud establece un puente entre el presente y el futuro deseado, ampliando la conexión con el universo y creando un flujo constante de abundancia.

Para que todos estos pasos sean efectivos, la visualización debe volverse un hábito constante. Reservar momentos diarios o semanales para revisitar sus objetivos y enriquecer sus imágenes mentales fortalece el proceso de manifestación. La consistencia graba esas visiones en el subconsciente, acelerando el camino hasta la realización. Con el tiempo, este ejercicio mental se transforma en una herramienta natural para atraer y concretizar sus sueños.

Visualizar el futuro es, por lo tanto, una construcción consciente de cada detalle de la vida que se desea vivir. Así como un arquitecto revisa y perfecciona su proyecto antes de iniciar la construcción, visualizar constantemente sus objetivos permite ajustar planes, fortalecer intenciones y avanzar con seguridad. La práctica continua de alinear pensamientos, emociones y acciones crea una base sólida para transformar sueños en realidad.

Al permitirse soñar con claridad e intención, usted se coloca en la posición de cocreador de su propia vida. Cada pensamiento intencional guía sus elecciones diarias, tornando el camino para la realización más claro y accesible. Los obstáculos dejan de ser barreras y pasan a ser oportunidades de aprendizaje y evolución. Pequeños pasos diarios, orientados por esa visión clara, se convierten en grandes conquistas.

Por lo tanto, al integrar la visualización a su rutina, usted construye un alicerce sólido para el éxito y la plenitud. Cada pensamiento nutrido con propósito se transforma en acción concreta, y cada acción alineada a su propósito lo acerca al futuro deseado. Confíe en el poder de su mente y avance con seguridad, pues a cada visualización, el futuro que usted sueña ya empieza a ganar forma dentro de usted.

Al incorporar la visualización como parte esencial de su rutina, usted establece una conexión profunda entre sus deseos y sus acciones diarias. Cada pensamiento intencional pasa a influenciar de manera positiva sus elecciones, tornando el camino para la realización más claro y accesible. Esta práctica continua no solo alimenta su motivación, sino que también fortalece su resiliencia delante de desafíos, permitiéndole que encare obstáculos como oportunidades de crecimiento y aprendizaje. Así, la visualización se integra naturalmente a su proceso de evolución, guiando sus pasos con confianza y propósito.

Con el tiempo, los resultados de esta práctica empiezan a manifestarse de forma concreta en diferentes áreas de la vida. Pequeñas conquistas diarias se transforman en grandes avances, reforzando la certeza de que sus sueños son posibles y tangibles. La claridad de sus objetivos atrae oportunidades alineadas con sus valores y fortalece conexiones con personas que comparten los mismos propósitos. Ese flujo constante de crecimiento evidencia que la visualización no es solo un ejercicio mental, sino un puente entre la intención y la realización.

Por lo tanto, al visualizar el futuro con detalles y emoción, usted construye una base sólida para el éxito y la plenitud. Cada pensamiento cultivado con intención se transforma en acción, y cada acción alineada a su propósito contribuye para la creación de la realidad deseada. Permítase creer en el poder de su mente y siga adelante con confianza, sabiendo que cada paso dado hoy lo acerca al futuro que ya empezó a ser moldeado dentro de usted.

Capítulo 28
Actuando con Intuición

La intuición representa una forma de sabiduría interior profundamente conectada con la esencia de cada individuo. Surge como una percepción sutil, pero poderosa, capaz de orientar decisiones, proteger contra adversidades y señalar oportunidades prometedoras. Al confiar en esa guía interna, las elecciones se vuelven más auténticas y alineadas con los valores personales, permitiendo que la vida fluya de manera más armoniosa y significativa. Este proceso involucra reconocer y valorar las señales que el cuerpo y la mente captan de manera casi imperceptible, integrando experiencias y conocimientos que van más allá de la lógica racional. Así, actuar con intuición significa permitir que esa sabiduría natural influya de forma positiva los caminos recorridos, promoviendo equilibrio y claridad en las decisiones cotidianas.

Esa conexión con la intuición fortalece la autoconfianza, una vez que cada decisión bien sucedida refuerza la creencia en las propias percepciones e instintos. Con el tiempo, esa práctica constante desarrolla una capacidad agudizada de discernir situaciones favorables y desfavorables, creando un ciclo positivo de confianza y asertividad. La intuición también amplía la percepción de oportunidades, despertando la sensibilidad para identificar momentos decisivos que pueden ser determinantes para el crecimiento personal y profesional. Ese alineamiento con la propia esencia facilita elecciones más coherentes con los objetivos y propósitos, conduciendo a una vida más plena y abundante.

Cultivar la intuición exige dedicación y apertura para oír la propia voz interior. Prácticas como meditación, momentos de silencio y reflexión, además de la observación atenta de sensaciones y emociones, son fundamentales para fortalecer esa conexión. Al integrar esas prácticas en el día a día, se vuelve posible acceder a una sabiduría profunda que orienta con claridad, incluso delante de incertidumbres. Confiar en ese proceso es esencial para actuar con más seguridad y autenticidad, permitiendo que la intuición se vuelva una herramienta poderosa para transformar desafíos en oportunidades y construir una trayectoria de realizaciones alineadas con el verdadero propósito de vida.

Imagine un navegante solitario en alta mar, rodeado por una densa niebla. Sin instrumentos visibles para guiarlo, se vuelve hacia las estrellas ocultas y para un instinto silencioso que pulsa dentro de sí. Ese navegante confía en algo más allá de la razón — una brújula invisible que lo conduce de vuelta a casa. Así es la intuición: un faro interno que ilumina caminos incluso en las situaciones más inciertas, guiando decisiones que resuenan con nuestros valores más profundos, nuestros sueños y el propósito que da sentido a la vida.

Esa sabiduría interior actúa como un puente directo para el vasto conocimiento almacenado en el subconsciente, integrando experiencias, emociones y aprendizajes de maneras que la lógica racional muchas veces no alcanza. Cuando nos permitimos oír esa voz interna, accedemos a una fuente de orientación auténtica, capaz de alinear nuestras elecciones con aquello que realmente somos. Como un susurro persistente, la intuición nos orienta a reconocer caminos más coherentes, alejando distracciones y conduciéndonos con seguridad en dirección a una vida más plena y abundante.

Al seguir esa guía interna, desarrollamos la capacidad de hacer elecciones más asertivas, evitando desvíos que nos alejarían de nuestros objetivos. La intuición se presenta como un filtro natural, destacando oportunidades alineadas con nuestros propósitos y alertando sobre caminos que pueden no ser favorables. Cada decisión bien sucedida tomada con base en esa percepción refuerza la autoconfianza y crea un ciclo virtuoso de confianza y asertividad. Esa confianza ampliada nos impulsa a actuar con más coraje, incluso delante de lo desconocido, transformando desafíos en escalones para el crecimiento personal y profesional.

Además de eso, la intuición desempeña un papel fundamental en la protección contra situaciones adversas. Pequeñas molestias, sensaciones inexplicables o alertas sutiles pueden ser señales de que algo no está bien. Respetar esas señales es una forma de autopreservación, evitando riesgos innecesarios y alejándose de ambientes o personas que puedan ser perjudiciales. Ese instinto de protección muchas veces actúa más rápido que cualquier análisis lógico, preservando el equilibrio emocional y físico.

Pero la intuición no solo alerta sobre peligros; ella también abre puertas para oportunidades. Como un radar sensible, capta posibilidades prometedoras antes incluso de que se vuelvan evidentes. Esa percepción anticipada permite que estemos preparados para actuar en el momento correcto, aprovechando ocasiones únicas que podrían pasar desapercibidas. Confiar en esos insights nos coloca en posición de ventaja, permitiendo que las decisiones sean tomadas con seguridad y agilidad.

Cultivar la intuición, no obstante, exige práctica y entrega. La mente, muchas veces saturada de estímulos externos, necesita de momentos de silencio e introspección para oír la voz interna. Prácticas como meditación, respiración consciente y reflexión son esenciales para calmar la mente y crear espacio para que la intuición se manifieste con claridad. Al desacelerar el flujo de pensamientos, abrimos camino para percibir con más nitidez las respuestas que ya habitan en nosotros.

Observar las señales del cuerpo también es fundamental. La intuición se comunica por medio de sensaciones físicas sutiles —un apretón en el pecho, un frío en la barriga o una leve tensión en los hombros. Emociones repentinas, ideas espontáneas y coincidencias recurrentes son manifestaciones de esa sabiduría interior. Prestar atención a esas señales e interpretar su significado fortalece la conexión con la intuición y amplía la percepción del mundo alrededor.

Cuando surgen presentimientos fuertes o impulsos inexplicables, es importante confiar en esos instintos, incluso si no hacen sentido de inmediato. Muchas veces, la intuición indica caminos que la razón no comprende en el momento, pero que revelan ser acertados con el tiempo. Ese acto de confiar es una entrega al flujo natural de la vida, permitiendo que las elecciones sean guiadas no solo por la lógica, sino por la sabiduría profunda que habita dentro de nosotros.

Registrar esos insights, pensamientos y sueños en un diario puede ser una herramienta poderosa. Al anotar percepciones intuitivas, patrones empiezan a emerger, facilitando la comprensión de la forma como la intuición se manifiesta. Ese hábito de escritura no solo organiza pensamientos, sino que también refuerza la confianza en los propios instintos, tornándolos más accesibles y claros en lo cotidiano.

En los momentos de decisión, especialmente aquellos de gran impacto, reservar un instante para oír la propia intuición puede revelar respuestas más auténticas. Decisiones importantes, como cambios de carrera, inversiones financieras o nuevas relaciones, pueden ser mejor conducidas cuando están alineadas con ese saber interno. La intuición ofrece una perspectiva única, muchas veces revelando soluciones creativas o previniendo elecciones precipitadas.

En las relaciones, la intuición actúa como un radar emocional. Ella identifica sutilezas en el comportamiento de las personas, permitiendo discernir quién verdaderamente contribuye para nuestro crecimiento y quién puede representar un obstáculo. Confiar en ese discernimiento es esencial para construir vínculos saludables y armoniosos, rodeándose de personas que comparten energías positivas y propósitos alineados.

En el campo financiero, la intuición complementa el análisis racional. Al considerar inversiones o decisiones de negocios, percibir señales internas que sugieren cautela o entusiasmo puede ser decisivo. Ese equilibrio entre lógica e intuición evita riesgos innecesarios y destaca oportunidades lucrativas que tal vez pasaran desapercibidas.

La creatividad también florece bajo la influencia de la intuición. Ideas que surgen espontáneamente, sin explicación lógica, pueden ser fuentes de innovación y originalidad. Permitirse explorar esas ideas, incluso si inicialmente parecen inconexas, abre camino para creaciones auténticas que reflejan la esencia de quiénes somos. La intuición, en ese contexto, es una fuente inagotable de inspiración.

Para fortalecer esa habilidad, es esencial cultivar la autoconfianza. Creer en las propias percepciones y validar las señales que surgen es el primer paso. La práctica constante de confiar en la intuición, incluso delante de incertidumbres, desarrolla una relación más profunda con la propia voz interior, volviéndola una aliada constante en las decisiones del día a día.

Es importante también tener paciencia. El desarrollo de la intuición es un proceso gradual, que se fortalece con el tiempo y la experiencia. Prácticas diarias de autoconocimiento, como meditación y reflexión, afinan la sensibilidad para captar señales sutiles. Respetar ese ritmo de crecimiento y confiar en el proceso es fundamental para que la intuición se vuelva una guía segura.

Y, sobre todo, es necesario no temer los errores. No todas las decisiones intuitivas serán correctas, pero cada experiencia, sea ella bien sucedida o no, trae aprendizajes valiosos. Aceptar los errores como parte del camino fortalece la confianza para actuar intuitivamente, sin el peso de la autocrítica, y amplía la capacidad de interpretar las señales con más claridad.

Conectarse con la naturaleza es otra forma poderosa de nutrir la intuición. La simplicidad y el silencio de los ambientes naturales calman la mente y amplían la percepción. Caminatas al aire libre, momentos de contemplación o simplemente oír el sonido del viento y del agua son prácticas que restauran el equilibrio y profundizan la conexión con la sabiduría interna.

Actuar con intuición es, por lo tanto permitirse vivir con más autenticidad y presencia. Es confiar que la vida ofrece respuestas sutiles, y que cada elección guiada por ese saber interno construye una trayectoria más coherente y significativa. Al honrar esa voz silenciosa, transformamos desafíos en oportunidades y damos forma a una vida más verdadera, plena y alineada con quien realmente somos.

Al integrar la intuición de forma consciente en la rutina, se vuelve posible navegar con más ligereza por los desafíos de la vida. Esa conexión profunda con la sabiduría interna no elimina las dificultades, pero ofrece claridad para enfrentarlas con equilibrio y autenticidad. Con el tiempo, la práctica constante de oír y respetar las propias señales internas transforma la manera como se lidia con elecciones e imprevistos, permitiendo que cada paso sea dado con más confianza y propósito.

Ese alineamiento con la intuición no solo fortalece la autoconfianza, sino que también promueve una relación más armoniosa con el mundo alrededor. Al percibir las sutilezas de las situaciones y de las personas, se crea un espacio de respeto y comprensión mutua, facilitando conexiones genuinas y decisiones más acertadas. La intuición pasa a ser un enlace entre la razón y el sentimiento, guiando con sensibilidad y firmeza para caminos que favorecen el crecimiento personal y colectivo.

Así, actuar con intuición es una invitación a vivir de forma más presente y conectada con la propia esencia. Es permitirse confiar en el flujo de la vida, reconociendo que cada elección, guiada por ese saber interno, contribuye para la construcción de una jornada más auténtica y plena. Al valorar esa voz sutil que habita el íntimo, se abre espacio para vivir con más verdad, coraje y propósito, transformando desafíos en oportunidades y sueños en realidad.

Capítulo 29
Conexión Espiritual

La conexión espiritual representa un lazo profundo y esencial con una fuerza mayor, capaz de nutrir el alma e iluminar el camino de la vida con propósito y equilibrio. Esta conexión trasciende la comprensión racional, despertando una sensación genuina de pertenencia al universo y revelando la armonía existente entre el ser humano y lo divino. Al fortalecer este vínculo, se hace posible acceder a una fuente inagotable de amor, sabiduría y fuerza interior, que guía decisiones, inspira acciones y promueve el crecimiento personal. Este estado de conexión amplía la percepción de que cada experiencia tiene un propósito y que la vida fluye en perfecta sincronía con un orden superior.

Esta integración espiritual eleva la consciencia, permitiendo que emociones como la gratitud, la compasión y la paz interior se manifiesten de manera natural. La alineación con esta energía superior despierta un estado de equilibrio y serenidad, haciendo que los desafíos sean más livianos y las conquistas más significativas. Esta armonía interna no solo fortalece la fe en uno mismo y en la vida, sino que también crea espacio para reconocer y atraer oportunidades de crecimiento y prosperidad. La espiritualidad, cuando se cultiva con autenticidad, transforma la manera en que se percibe el mundo, promoviendo una existencia más plena y alineada con el verdadero propósito.

Para profundizar esta conexión, es esencial adoptar prácticas que integren cuerpo, mente y espíritu, permitiendo el florecimiento de una consciencia más elevada. La meditación, la oración, el contacto con la naturaleza y la reflexión continua son caminos eficaces para silenciar el ruido externo y escuchar la voz interior. A través de estas prácticas, se desarrolla la capacidad de interpretar las señales de la vida con claridad, tomar decisiones más sabias y actuar con confianza. Al establecer esta relación íntima con lo divino, se hace posible acceder a una abundancia que se manifiesta en todas las áreas de la vida, creando una jornada pautada por el amor, la armonía y el verdadero bienestar.

Imagine un árbol robusto, cuyas raíces profundas se extienden por el suelo, absorbiendo nutrientes vitales y ofreciendo sustentación. Así como este árbol se nutre de la tierra para crecer y florecer, la conexión espiritual es el cimiento invisible que nos une a una fuente de energía mayor, abasteciéndonos con fuerza, sabiduría y equilibrio. Esta conexión con lo divino nos fortalece ante los desafíos y nos permite florecer en todas las áreas de la vida.

Esta conexión espiritual no es solo una idea abstracta, sino una experiencia profunda que llena el alma con propósito y significado. Al reconocer esta fuerza mayor, despertamos a la comprensión de que cada acontecimiento, por más simple o desafiante que sea, lleva un propósito. Pasamos a percibir que la vida sigue un flujo en perfecta armonía con un orden superior, donde todo sucede en el momento correcto para nuestro crecimiento y evolución. Esta consciencia nos trae serenidad para aceptar lo que no podemos controlar y coraje para actuar cuando es necesario.

Estar espiritualmente conectado eleva nuestra vibración y nos coloca en sintonía con sentimientos genuinos de amor, gratitud, compasión y paz interior. Esta alineación no solo suaviza los desafíos cotidianos, sino que también amplía nuestra capacidad de celebrar las conquistas con humildad y alegría. Cuando vibramos en esta frecuencia elevada, atraemos naturalmente experiencias positivas y oportunidades que contribuyen a nuestro desarrollo. La espiritualidad, cuando se vive de forma auténtica, transforma nuestra manera de ver el mundo y nos permite vivir con más ligereza, propósito y plenitud.

Esta integración espiritual también fortalece la fe, no solo como creencia en algo mayor, sino como una confianza inquebrantable de que estamos siendo guiados y amparados. La fe nos da seguridad para seguir adelante, incluso frente a las adversidades. Nos recuerda que, aunque no podamos prever el camino entero, podemos confiar en el próximo paso. Con esta confianza, las decisiones se vuelven más claras, y los desafíos se enfrentan con coraje y resiliencia.

Además, la conexión espiritual despierta la intuición, esa voz sutil que nos guía con sabiduría y claridad. Al silenciar la mente y escuchar esta orientación interna, tomamos decisiones más alineadas con nuestros valores y propósito de vida. Esta escucha atenta nos protege de elecciones impulsivas y nos orienta hacia caminos que realmente contribuyen a nuestra evolución. La intuición, fortalecida por la espiritualidad, funciona como una brújula que nos direcciona con seguridad y ligereza.

Otro aspecto fundamental de esta conexión es el despertar del propósito de vida. Muchas veces, la búsqueda de sentido se pierde en medio de las presiones y expectativas externas. Sin embargo, al fortalecer el vínculo con lo divino, somos conducidos a una comprensión más profunda de quiénes somos y de lo que vinimos a realizar. Este propósito, cuando se identifica, nos impulsa con motivación genuina, haciendo que cada acción sea más significativa y alineada con nuestros valores más profundos.

La gratitud también florece naturalmente en este estado de conexión. Al reconocer las bendiciones diarias, pequeñas o grandes, creamos espacio para que más abundancia se manifieste. La gratitud transforma la manera en que percibimos la vida, permitiéndonos concentrarnos en los dones que ya hemos recibido, lo que, a su vez, atrae nuevas oportunidades y experiencias positivas. Este ciclo virtuoso de gratitud y abundancia nos conduce a una jornada de constante realización.

La compasión surge como otro fruto de esta conexión espiritual. Al sentirnos parte de algo mayor, desarrollamos empatía no solo por nosotros mismos, sino por todos los seres. Esta comprensión nos invita a actuar con más gentileza, paciencia y amor, contribuyendo a relaciones más saludables y a un ambiente de convivencia más armonioso. La compasión, cuando se cultiva, fortalece los vínculos humanos y promueve un sentido de unidad y solidaridad.

Para profundizar esta conexión, las prácticas diarias son esenciales. La meditación, por ejemplo, nos conduce al silencio interior, permitiendo que la mente se calme y que la sabiduría interna aflore. Este hábito constante amplía nuestra percepción y fortalece la relación con lo divino, creando una sensación de paz y equilibrio. La meditación nos enseña a habitar el presente y a escuchar los susurros del alma.

La oración también se destaca como una poderosa herramienta de conexión. Más que palabras, la oración es un diálogo íntimo con lo sagrado, donde expresamos gratitud, buscamos orientación y renovamos nuestra fe. Esta práctica nos recuerda que no estamos solos y nos ofrece consuelo y fuerza en los momentos de incertidumbre.

Prácticas físicas, como el yoga, complementan este proceso. El yoga integra cuerpo, mente y espíritu a través de movimientos conscientes, respiración y meditación. Esta alineación promueve bienestar físico, claridad mental y expansión espiritual, estableciendo una conexión profunda con nuestra esencia. El cuerpo pasa a ser reconocido como un templo sagrado, que merece cuidado y respeto.

El contacto con la naturaleza también es una de las maneras más simples y eficaces de reconectarse con lo divino. Observar el movimiento de los árboles, escuchar el canto de los pájaros o sentir la brisa en el rostro son experiencias que nos remiten a la grandeza de la creación. Estar en medio de la naturaleza nos recuerda la simplicidad y la belleza de la vida, renovando nuestras energías y llevándonos de vuelta a nuestro centro.

Estudiar textos sagrados es otra forma de expandir la comprensión espiritual. Las escrituras ofrecen enseñanzas profundas y atemporales que iluminan el camino con sabiduría. Reflexionar sobre estos mensajes nos permite integrar valores espirituales en nuestras decisiones y acciones diarias, guiándonos con ética y compasión.

Las acciones de caridad y los actos de bondad también son manifestaciones prácticas de la espiritualidad. Al extender la mano al prójimo, compartimos el amor divino y contribuimos al bien colectivo. Ayudar a los demás, ya sea con palabras de apoyo o acciones concretas, fortalece nuestra conexión con la esencia de la vida y nos permite vivenciar la verdadera abundancia.

El perdón se presenta como una práctica esencial para la paz interior. Liberarse de rencores y resentimientos nos alinea con la energía del amor y nos permite seguir adelante con ligereza. El perdón, ya sea a nosotros mismos o a los demás, disuelve bloqueios emocionales y abre espacio para la curación y la renovación.

Por último, el autoconocimiento es el camino que integra todas estas prácticas. Conocerse profundamente es esencial para vivir con autenticidad y plenitud. Esta jornada interna nos revela nuestros valores, límites y potenciales, permitiendo que nuestras elecciones estén alineadas con nuestro propósito divino. El autoconocimiento ilumina el camino hacia una vida más consciente y abundante.

Cuando la conexión espiritual se convierte en parte de nuestra vida cotidiana, todas las áreas de la vida se transforman. La prosperidad financiera fluye de forma equilibrada, las emociones se estabilizan, la mente se vuelve clara y creativa, el cuerpo gana vitalidad y el espíritu se expande. Este estado de plenitud refleja una vida vivida con significado, guiada por sabiduría y amor.

Así, cultivar la conexión espiritual es permitir que la vida se desarrolle en armonía con el universo. Es confiar en que cada paso nos conduce a una existencia más auténtica y significativa. Cuando nos entregamos a esta conexión, florecemos como el árbol de raíces profundas: firmes, nutridos y listos para alcanzar el cielo.

Cuando la conexión espiritual se convierte en parte integral de la vida, cada experiencia adquiere un significado más profundo y consciente. Las dificultades pasan a ser vistas como oportunidades de crecimiento y aprendizaje, mientras que las conquistas se celebran con gratitud y humildad. Este estado de presencia y alineación con lo divino fortalece la confianza en el flujo natural de la vida, permitiendo que los desafíos sean enfrentados con serenidad y que las victorias sean apreciadas como reflejo de un propósito mayor siendo cumplido.

Esta relación íntima con lo sagrado también amplía la compasión y la empatía, no solo consigo mismo, sino con todos los seres. La comprensión de que todo está interconectado despierta un sentido de responsabilidad colectiva, inspirando actitudes más conscientes y armoniosas. Así, la conexión espiritual trasciende el ámbito individual y se extiende al mundo alrededor, promoviendo equilibrio, respeto y amor en cada interacción, contribuyendo a un ambiente más pacífico y colaborativo.

Al cultivar esta conexión continua con lo divino, la vida se transforma en una jornada de plenitud, propósito y abundancia. El camino se vuelve más ligero, guiado por la sabiduría interior y por la confianza en el universo. Cada paso se da con más consciencia, cada decisión refleja la autenticidad del ser, y cada momento se vive con profundidad. Así, la conexión espiritual no solo ilumina el camino, sino que también fortalece las raíces, permitiendo que florezcas con amor, sabiduría y verdadera paz.

Capítulo 30
Sirviendo al Mundo

Servir al mundo representa un compromiso genuino de utilizar talentos, habilidades y pasiones para generar impacto positivo y contribuir con el bien colectivo. Esta actitud trasciende intereses individuales y se manifiesta a través de acciones concretas que promueven la transformación social, ambiental y humana. Cada gesto de generosidad y solidaridad fortalece la construcción de una sociedad más justa, inclusiva y sostenible, demostrando que la verdadera abundancia se multiplica cuando se comparte. La conexión con este propósito eleva la consciencia y despierta la responsabilidad de actuar activamente en la mejora del mundo, creando un ciclo continuo de crecimiento personal y colectivo.

Al dirigir esfuerzos hacia causas significativas, es posible influenciar positivamente la vida de otras personas y fortalecer vínculos humanos. La participación en acciones sociales, ambientales o educacionales amplía la comprensión de las necesidades del mundo y refuerza la importancia de la empatía, el respeto y la cooperación. Esta postura inspira actitudes de compasión y responsabilidad, cultivando un ambiente donde todos pueden prosperar. Así, servir al mundo se convierte en una oportunidad de alinear valores personales con acciones prácticas, creando impactos reales que reverberan en diversas esferas de la sociedad.

Esta jornada de servicio al prójimo no solo beneficia a la colectividad, sino que también proporciona un profundo sentido de realización y propósito. La participación en causas nobles fortalece la autoestima, desarrolla habilidades interpersonales y expande redes de apoyo. Cada contribución, por pequeña que parezca, es una semilla plantada para un futuro más armonioso y abundante. Servir al mundo es, por lo tanto, un camino de transformación mutua, donde quien ofrece también recibe, experimentando la plenitud que surge al hacer la diferencia en la vida de otras personas.

Imagine un jardinero dedicado, que cuida con amor su propio jardín, pero no se contenta con mantener la belleza solo para sí. Comparte sus flores, sus frutos e incluso sus semillas con la comunidad a su alrededor. Este acto de generosidad esparce colores, aromas y vida, haciendo que el ambiente colectivo sea más bonito y acogedor. Servir al mundo es como ser ese jardinero: cultivar el bien con nuestros talentos y compartir lo que tenemos de mejor para que florezca la vida de todos a nuestro alrededor.

Cuando ponemos nuestros dones y habilidades al servicio del bien colectivo, nos conectamos profundamente con el verdadero propósito de la existencia. Esta entrega trasciende intereses personales y nos alinea con algo mayor, promoviendo impactos que reverberan en diversas esferas de la sociedad. Servir al mundo no significa solo grandes hazañas; también implica pequeños gestos diarios de empatía, generosidad y solidaridad. Cada acción positiva, por pequeña que parezca, es una semilla plantada que germina en transformación social, ambiental y humana.

Esta postura de servicio amplía nuestra consciencia y nos conecta directamente con la abundancia de la vida. Al actuar con amor, compasión y gratitud, elevamos nuestra vibración y atraemos experiencias positivas. Este estado de alineación energética no solo fortalece el equilibrio interior, sino que también abre caminos para nuevas oportunidades. La vida se vuelve más ligera y fluida, pues la energía que donamos regresa multiplicada. El acto de servir, por lo tanto, no es un sacrificio, sino una vía de doble sentido: mientras ofrecemos, también recibimos.

Además, dedicarse al prójimo fortalece la autoestima y el sentido de pertenencia. Al percibir que nuestras acciones impactan positivamente a otras personas, sentimos un profundo sentido de realización. Este sentimiento de utilidad y propósito nos empodera, incentivándonos a continuar contribuyendo. Es un ciclo virtuoso donde el acto de dar se transforma en fuente de motivación, alegría y crecimiento personal.

Para transitar este camino de servicio con autenticidad, es esencial identificar nuestras pasiones y talentos. Cada persona posee habilidades únicas que pueden ser aplicadas de forma práctica y transformadora. Ya sea enseñando, creando, organizando o apoyando, siempre hay una manera de contribuir. Cuando dirigimos nuestros dones hacia causas que nos inspiran, nuestro impacto se vuelve aún más significativo y sostenible.

Encontrar oportunidades de voluntariado es una forma directa de poner en práctica este propósito. Participar en proyectos sociales, ambientales o educacionales nos acerca a las realidades que más necesitan atención. La participación en acciones concretas fortalece lazos comunitarios, expande nuestra visión del mundo y nos conecta con personas que comparten los mismos valores.

Otra manera de servir es a través de la donación consciente. Contribuir financieramente con instituciones y proyectos alineados a nuestros principios es una forma eficaz de apoyar iniciativas que promueven cambios reales. Más que el valor material, es el gesto de compromiso con el bien colectivo lo que genera impacto. Pequeñas contribuciones, sumadas a muchas otras, tienen el poder de transformar vidas.

Compartir conocimientos y experiencias también es una forma poderosa de servir. Ofrecer mentorías, charlas o talleres permite que otras personas tengan acceso a herramientas e información que pueden abrir puertas hacia nuevas oportunidades. Este intercambio de saberes multiplica el impacto positivo e incentiva el crecimiento personal y profesional de quien busca evolución.

Practicar el consumo consciente es igualmente importante. Elegir apoyar empresas y productos que respetan el medio ambiente, promueven la justicia social y adoptan prácticas éticas refuerza la responsabilidad colectiva. Nuestras elecciones de consumo influyen directamente en el mundo que nos rodea y pueden ser una forma de servicio cuando se guían por principios de sostenibilidad y ética.

Ser un agente de cambio comienza con las actitudes diarias. Un simple gesto de gentileza, una palabra de aliento o una acción de respeto al prójimo tienen el poder de inspirar grandes transformaciones. Pequeñas actitudes, cuando se practican con constancia, crean una cultura de cuidado y solidaridad que se extiende y motiva a otras personas a actuar también por el bien común.

Existen diversas áreas en las que podemos servir al mundo. En el medio ambiente, podemos participar en iniciativas de preservación, como la plantación de árboles o campañas de reciclaje. En la educación, apoyar proyectos de alfabetización o mentorías puede ser clave para reducir desigualdades. En la salud, el voluntariado en hospitales y casas de apoyo lleva consuelo y esperanza a quienes más lo necesitan. En la lucha contra la pobreza, donar alimentos, ropa y tiempo ayuda a minimizar las dificultades. En la defensa de los derechos humanos, luchar contra la discriminación y promover la igualdad construye una sociedad más justa y segura.

Para servir al mundo de manera efectiva, no es necesario comenzar con grandes proyectos. Pequeños pasos tienen gran valor. Un simple gesto de cariño puede ser el inicio de un impacto transformador. Al identificar las causas que nos tocan profundamente, nuestro compromiso se vuelve más auténtico y persistente. La consistencia en las acciones es fundamental para generar cambios reales y sostenibles.

Trabajar en equipo potencia aún más este impacto. Al unir fuerzas con otras personas que comparten los mismos ideales, creamos movimientos más fuertes y abarcativos. Juntos, superamos desafíos y alcanzamos resultados que, individualmente, serían limitados. La cooperación amplía el alcance de las acciones y fortalece el espíritu de comunidad.

Reconocer y celebrar cada pequeña conquista en este camino es esencial. Valorar el progreso, por pequeño que sea, alimenta la motivación e inspira a otros a seguir el mismo camino. La construcción de un mundo mejor no ocurre de la noche a la mañana, pero cada paso es fundamental. Celebrar estas etapas nos recuerda que estamos avanzando y hace que la jornada sea aún más gratificante.

Servir al mundo también es una jornada de autodescubrimiento. Cada experiencia vivida en este proceso nos revela nuevas perspectivas, profundiza nuestros valores y fortalece nuestra esperanza en un futuro más justo y compasivo. La entrega sincera transforma no solo a quien se ayuda, sino también a quien ayuda. Este ciclo continuo de dar y recibir nutre el alma y genera un profundo sentido de pertenencia.

Al poner nuestros talentos y recursos al servicio del bien colectivo, dejamos un legado de amor, respeto y solidaridad. Cada acción positiva es una semilla plantada que florecerá en nuevos frutos de esperanza y armonía. Así, servir al mundo se convierte en un camino de realización personal y colectiva, donde todos salen transformados y enriquecidos.

Por lo tanto, ser como el jardinero que comparte sus flores y semillas es comprender que el verdadero crecimiento ocurre cuando nuestras acciones florecen en la vida de otras personas. Cuando elegimos servir, no solo ayudamos a transformar el mundo, sino que también nos transformamos a nosotros mismos, descubriendo la verdadera esencia de la abundancia y la realización.

Servir al mundo es una invitación constante a la reflexión sobre el papel que cada individuo desempeña en la construcción de un futuro más equilibrado y armonioso. Este compromiso no exige grandes gestos para ser significativo; muchas veces, son las actitudes simples y auténticas las que más conmueven y transforman vidas.

El impacto generado por una palabra de aliento, una sonrisa acogedora o un gesto de apoyo sincero es inmensurable, pues reverbera positivamente en las relaciones humanas e inspira cambios silenciosos, pero profundos. Así, cada persona tiene la capacidad de convertirse en un agente de transformación, contribuyendo con aquello que posee de más valioso: su humanidad.

Al abrazar esta jornada de servicio, se percibe que el verdadero poder reside en la colaboración y el espíritu colectivo. La unión de esfuerzos individuales crea movimientos grandiosos, capaces de superar desafíos complejos y promover avances significativos en diversas áreas. Cuando talentos, recursos e intenciones convergen hacia el bien común, se forman redes de solidaridad que fortalecen comunidades y amplían el alcance de las acciones. Este camino compartido refuerza la noción de que nadie está solo en la misión de mejorar el mundo y que, juntos, somos más fuertes y eficaces.

Por último, servir al mundo es también un proceso de autodescubrimiento y evolución. Cada experiencia vivida en esta entrega genuina revela nuevas perspectivas, fortalece valores esenciales y alimenta la esperanza de un futuro más compasivo y justo. Este ciclo virtuoso de dar y recibir transforma no solo a quien se ayuda, sino también a quien ayuda, despertando un profundo sentido de pertenencia y propósito. Así, al poner el corazón y los talentos al servicio del bien colectivo, se construye un legado duradero, donde cada acción positiva es una semilla que florecerá en nuevas oportunidades de crecimiento y armonía para todos.

Capítulo 31
Siguiendo tu Intuición

La intuición surge como una herramienta esencial y confiable para orientar decisiones y elecciones a lo largo de la vida. Representa una sabiduría natural, profundamente arraigada en la experiencia personal y en el conocimiento acumulado, capaz de indicar caminos que conducen al crecimiento, bienestar y realización. Confiar en este sentido interno significa reconocer y valorar las señales sutiles que se manifiestan a través de sensaciones, percepciones y pensamientos espontáneos. Este proceso involucra una escucha atenta y una conexión genuina con la propia esencia, permitiendo que las decisiones sean tomadas de forma más auténtica y alineada con los verdaderos deseos y propósitos personales. Cuando se aprende a respetar y a seguir estas directrices internas, se abre espacio para vivenciar experiencias más satisfactorias, relaciones más saludables y oportunidades que impulsan el desarrollo en diversas áreas de la vida.

Al fortalecer la conexión con la intuición, se vuelve posible percibir oportunidades que antes pasaban desapercibidas, evitando trampas e identificando con mayor claridad los mejores caminos a seguir. Esta percepción aguda contribuye a elecciones más asertivas, tanto en el ámbito profesional como en las relaciones interpersonales y en la gestión de desafíos cotidianos. La intuición actúa como un faro silencioso, iluminando trayectorias que muchas veces no son inmediatamente evidentes por la lógica, pero que conducen a resultados positivos y enriquecedores. Desarrollar esta sensibilidad implica cultivar momentos de reflexión, silenciar la mente ante el ruido externo y confiar en las propias percepciones, incluso cuando éstas parecen contrariar patrones racionales. Esta práctica continua de autoconocimiento y autoconfianza permite construir una base sólida para decisiones más coherentes con los objetivos personales.

Además, integrar la intuición en lo cotidiano amplía la autoconfianza y la capacidad de actuar con determinación frente a los desafíos. Esta fuerza interior, cuando es reconocida y respetada, promueve equilibrio emocional y claridad mental, fundamentales para afrontar cambios e incertidumbres con mayor seguridad. La intuición, por lo tanto, no es solo un recurso esporádico, sino una habilidad natural que puede ser constantemente mejorada. Al confiar en este instinto, se crea una armonía entre razón y sentimiento, permitiendo que cada paso sea dado con convicción y autenticidad. Esta integración consciente de la intuición en las decisiones diarias abre puertas para una vida más plena, equilibrada y alineada con el verdadero propósito de cada individuo.

Imagina un explorador solitario adentrándose en una selva densa y desconocida. Sin un mapa o brújula física, avanza confiando únicamente en sus instintos más profundos. Cada sonido, cada movimiento de las hojas y cada sutil cambio en la dirección del viento se convierten en señales silenciosas, orientando sus pasos. Este explorador observa con atención los senderos casi invisibles, percibe el canto de aves que indican peligros ocultos y siente en el aire la presencia de caminos seguros. No hay garantías de que cada decisión lo llevará directamente al destino deseado, pero comprende que hay sabiduría en cada elección instintiva. Así, la selva, antes intimidante, se revela como un territorio de posibilidades, donde la confianza en su propia percepción abre espacio para descubrimientos y aprendizajes valiosos. Seguir la intuición es exactamente como ser este explorador, desbravando las incertidumbres de la vida con valentía y confianza en una brújula interna que, silenciosa y firme, indica el camino a seguir.

Esta misma intuición actúa como un puente entre el individuo y la abundancia en todas las áreas de la vida. Al conectarse con su verdad interior, se vuelve posible acceder a deseos auténticos, pasiones genuinas y talentos que, muchas veces, permanecen dormidos bajo las presiones externas. Este autoconocimiento profundo direcciona elecciones más alineadas con quien se es de verdad, llevando a caminos que favorecen la realización personal y profesional. Cuando se da oídos a esta voz interna, las decisiones pasan a ser tomadas con mayor claridad y coherencia, aproximando cada paso del propósito de vida. La intuición, sutil pero poderosa, indica oportunidades que resuenan con el crecimiento y el florecimiento personal, orientando hacia experiencias que enriquecen y amplían la percepción de abundancia.

Además de guiar en la dirección correcta, la intuición funciona como un escudo protector. Percibe peligros mucho antes de que se tornen evidentes, captando señales invisibles a simple vista. Este presentimiento sutil alerta sobre personas y situaciones potencialmente perjudiciales, evitando trampas y previniendo elecciones impulsivas. Esta protección silenciosa no es fruto de paranoia, sino de una sabiduría interna que interpreta matices y señales con una precisión que la lógica muchas veces no alcanza. Al confiar en esta sensibilidad, las decisiones se vuelven más seguras y conscientes, permitiendo transitar por la vida con mayor ligereza y confianza.

La intuición también tiene el poder de abrir puertas que, a primera vista, podrían pasar desapercibidas. Muchas veces, inspira movimientos estratégicos y decisiones osadas en el momento exacto, creando oportunidades que pueden ser decisivas para el éxito y la realización plena. Esta mirada aguda permite percibir posibilidades escondidas en los detalles y actuar con la convicción de quien sabe que está en el camino correcto. La vida, entonces, se convierte en un campo fértil para el surgimiento de nuevas ideas, proyectos y relaciones que impulsan la prosperidad en diversas áreas.

Confiar en la propia intuición fortalece la autoconfianza de manera profunda y duradera. Este fortalecimiento ocurre porque, al reconocer el valor de las propias percepciones, surge una seguridad interna que aleja dudas e incertidumbres. Cada decisión tomada con base en esta confianza interior refuerza la capacidad de actuar con autenticidad, permitiendo que se trillen caminos personales y únicos. Este empoderamiento es liberador, pues concede permiso para vivir de acuerdo con los propios valores y sueños, creando la vida que verdaderamente se desea experimentar.

Para cultivar esta conexión intuitiva, es esencial silenciar el ruido de la mente. La intuición se expresa de manera sutil, por eso, es necesario crear momentos de quietud para que esta voz interna pueda ser oída. Prácticas como meditación, mindfulness y ejercicios de respiración son herramientas eficaces para calmar los pensamientos y abrir espacio para percepciones más claras. En esta tranquilidad mental, señales antes ignoradas se vuelven perceptibles, permitiendo decisiones más alineadas con la esencia.

Estar atento a las señales es otro paso fundamental. La intuición se manifiesta de formas diversas: sensaciones físicas, emociones repentinas, pensamientos espontáneos o incluso sueños recurrentes. Cada señal carga un mensaje que, cuando es interpretado con sensibilidad, orienta elecciones y actitudes. Desarrollar esta escucha exige práctica y paciencia, pero con el tiempo, se vuelve natural percibir y confiar en estas alertas y directrices.

Seguir los instintos, aunque contradigan la lógica, es una de las maneras más auténticas de vivir. Muchas veces, la razón intentará imponer limitaciones, pero la intuición ofrece caminos que, a pesar de desafiantes, conducen al crecimiento. Confiar en este impulso interno es permitirse ir más allá de lo obvio y explorar posibilidades que la mente racional no consideraría. Este acto de valentía abre puertas para experiencias enriquecedoras y transformadoras.

Registrar percepciones e insights también es una práctica valiosa. Al anotar sueños, presentimientos y sincronicidades, se crea un registro que facilita la identificación de patrones intuitivos. Este hábito fortalece la confianza en la propia intuición y permite reconocer con mayor claridad las señales que la vida ofrece.

En el entorno laboral, por ejemplo, la intuición puede ser decisiva. Guía en la elección de proyectos, indica el mejor momento para cambios de carrera y revela oportunidades de crecimiento que no siempre son evidentes. En las relaciones interpersonales, esta sensibilidad ayuda a identificar personas que vibran en sintonía con nuestros valores, facilitando la construcción de vínculos saludables y duraderos. Ya en las finanzas, la intuición orienta decisiones sobre inversiones y gestión de recursos, ayudando a percibir riesgos y oportunidades antes de que se concreten.

En el campo de la salud, la intuición desempeña un papel fundamental en la prevención y el cuidado. El cuerpo envía señales sutiles sobre su estado físico y emocional, y estar atento a estas alertas puede ser decisivo para mantener el equilibrio y el bienestar. La intuición también guía elecciones de prácticas y tratamientos que resuenan con las necesidades individuales, promoviendo un abordaje más integrado y consciente de la salud.

En la espiritualidad, esta conexión interna conduce a caminos auténticos de autodescubrimiento y expansión de la consciencia. Permitirse explorar diferentes prácticas espirituales de acuerdo con lo que hace sentido personalmente fortalece la relación con lo sagrado y con el propósito de vida.

Para que la intuición florezca plenamente, es preciso confiar en sí mismo. Esta confianza es la base sólida que sustenta la escucha interior. Ser valiente para seguir la intuición, incluso ante las incertidumbres, es fundamental. La paciencia también desempeña un papel importante, pues el desarrollo de la intuición es un proceso continuo. Aprender de los errores y celebrar los aciertos son actitudes que refuerzan esta conexión, tornando la intuición cada vez más precisa y confiable.

Cuando la intuición pasa a ser cultivada de forma consciente, transforma la manera en que lidiamos con los desafíos y abrazamos las oportunidades. Esta escucha atenta y respetuosa construye una base sólida para decisiones sabias y alineadas con nuestros valores. La intuición no elimina los obstáculos, pero ofrece claridad para enfrentarlos con ligereza y asertividad. Este alineamiento entre mente, cuerpo y espíritu fortalece la confianza serena, guiando cada paso con autenticidad. Así, la intuición se convierte en un puente entre el presente y el futuro deseado, conduciendo a una vida más plena, significativa y en armonía con el verdadero propósito.

Cuando la intuición pasa a ser cultivada con consciencia, transforma la manera en que enfrentamos los desafíos y abrazamos las oportunidades. Este proceso continuo de escucha interna y autoconfianza se convierte en una base sólida para decisiones más sabias y alineadas con nuestros valores. La intuición no elimina los obstáculos del camino, pero ofrece claridad para lidiar con ellos de forma más ligera y asertiva. Al percibir que esta sabiduría interior es una aliada constante, se abre un espacio para actuar con mayor equilibrio, permitiendo que cada elección refleje quien realmente somos.

Este alineamiento profundo entre mente, cuerpo y espíritu fortalece la capacidad de vivir de forma auténtica y resiliente. Las decisiones dejan de ser impulsadas por el miedo o la duda y pasan a ser guiadas por una confianza serena, capaz de sustentar el camino incluso ante las incertidumbres. Así, la intuición se revela como un enlace entre el presente y el futuro deseado, facilitando la manifestación de experiencias más significativas y alineadas con los sueños y objetivos personales.

Al permitir que la intuición oriente cada paso, la jornada se vuelve más rica, llena de aprendizajes y descubrimientos. Cada experiencia vivida con esta escucha atenta revela nuevas posibilidades y fortalece la confianza en el flujo natural de la vida. Este camino intuitivo no es lineal, pero está repleto de significado, conduciendo a una existencia más plena, auténtica y en sintonía con el verdadero propósito.

Capítulo 32
Viviendo con Propósito

Vivir con propósito significa conducir la propia vida con claridad, dirección y significado, donde cada elección y acción están alineadas con valores personales y aspiraciones más profundas. Esta forma de vivir integra talentos, pasiones y habilidades de manera consciente, transformando desafíos en oportunidades de crecimiento y progreso. La vida gana profundidad y autenticidad cuando se reconoce el valor de cada experiencia y se utiliza este aprendizaje para construir un camino que refleje la propia esencia. Este alineamiento fortalece la confianza, impulsa la motivación y abre espacio para una jornada plena y abundante, conectando cada paso dado a un significado mayor.

Al integrar propósito y acción, se vuelve posible transformar sueños en metas concretas, guiadas por decisiones coherentes con la propia identidad. Este compromiso con lo que realmente importa trae claridad ante las incertidumbres y fortalece la resiliencia ante los desafíos. La búsqueda por el propósito involucra autoconocimiento y autenticidad, permitiendo reconocer las propias capacidades y limitaciones, lo que lleva a elecciones más conscientes y alineadas con los objetivos de vida. Así, el propósito actúa como una fuerza impulsora que orienta actitudes diarias, conduciendo a resultados significativos y a una realización personal continua.

Esta vivencia plena también favorece la conexión con el mundo alrededor, inspirando contribuciones positivas a la sociedad y fortaleciendo relaciones humanas basadas en empatía y colaboración. Vivir con propósito no se resume a alcanzar metas, sino a construir una trayectoria significativa que equilibre conquistas personales con impacto colectivo. El camino se torna más ligero y satisfactorio cuando cada decisión refleja los propios valores, creando una vida rica en significado y realización. Esta integración entre propósito y acción no solo fortalece la autoconfianza, sino que también atrae oportunidades y experiencias enriquecedoras, sustentando una existencia auténtica y verdaderamente abundante.

Imagina un río que fluye con firmeza y claridad en dirección al mar. Sus aguas recorren el camino con determinación, alimentadas por la lluvia, por los manantiales y por afluentes que se unen a él a lo largo de la jornada. Este río no cuestiona su dirección; sigue su curso, desviando de obstáculos, adaptándose al terreno, pero siempre avanzando. Vivir con propósito es como ser este río: fluir con dirección e intencionalidad, impulsado por la fuerza de la propia esencia y guiado por la sabiduría del corazón. Así como el río encuentra su camino incluso ante rocas y curvas inesperadas, la vida con propósito permite afrontar desafíos con resiliencia, transformando dificultades en oportunidades de crecimiento.

Tener un propósito da sentido a la existencia. Conecta a la persona a algo mayor que sí misma, despertando una razón profunda para vivir y luchar por los propios sueños. Esta conexión trae no solo motivación, sino también una sensación de pertenencia a algo grandioso, incentivando la búsqueda por un impacto positivo en el mundo. Cuando se comprende que hay un significado mayor detrás de las acciones diarias, cada paso se torna más consciente y cargado de intención. El propósito transforma la rutina en una jornada significativa, donde cada desafío vencido y cada conquista alcanzada son partes esenciales de un camino que se construye con autenticidad.

Este propósito es también la fuerza que impulsa la acción. Sirve como un motor que mueve a la persona a transformar sueños en realidad con entusiasmo y determinación. En momentos de duda o dificultad, recordar el motivo por el cual se comenzó fortalece la resiliencia y mantiene el foco. El camino para realizar objetivos se torna más claro cuando se tiene consciencia del porqué de cada elección. La motivación alimentada por un propósito genuino es constante y resistente, permitiendo atravesar obstáculos con confianza, pues hay claridad sobre el destino deseado.

Vivir con propósito también funciona como una guía en las decisiones importantes de la vida. Actúa como un filtro, alineando elecciones con valores y objetivos personales. Esta coherencia evita desvíos que podrían alejar a la persona de lo que realmente importa. Las decisiones pasan a ser tomadas con mayor seguridad y asertividad, conduciendo a caminos que reflejan la verdadera esencia. Esta orientación continua facilita la búsqueda por abundancia y realización, creando una vida más plena y conectada.

Además de guiar las acciones, el propósito revela la abundancia que ya reside en el interior de cada uno. Cuando se vive alineado con los propios talentos, pasiones y creatividad, se vuelve posible reconocer y usar esta fuerza interior de forma plena. Esta consciencia fortalece la autoconfianza, permitiendo que la autenticidad se manifieste en todas las áreas de la vida. La abundancia interior es la base que sustenta la prosperidad exterior, pues al valorar lo que ya se posee, se crea espacio para atraer nuevas oportunidades.

Este alineamiento entre propósito y acción también atrae la abundancia externa. Cuando las acciones son auténticas y conectadas a la misión de vida, las oportunidades surgen naturalmente. La vida pasa a fluir con mayor ligereza y sincronía, creando prosperidad en diversas áreas, como relaciones, carrera, finanzas, salud y espiritualidad. La congruencia entre ser y actuar genera magnetismo, atrayendo personas y circunstancias que contribuyen al crecimiento personal y colectivo.

Para encontrar este propósito, es fundamental iniciar una jornada de autoconocimiento. Reflexionar sobre valores, pasiones, talentos y habilidades permite comprender lo que realmente inspira y da sentido a la vida. Preguntas como "¿Qué me hace sentir vivo?" y "¿Cuáles actividades despiertan mi entusiasmo?" son puntos de partida valiosos para descubrir la propia esencia. Este mergulho interior revela caminos que resuenan con la autenticidad y direccionan para una vida más significativa.

Reconocer los propios valores es igualmente esencial. Saber cuáles principios guían las acciones y decisiones permite hacer elecciones más coherentes. Identificar lo que es innegociable fortalece la integridad personal y evita desvíos que puedan comprometer la autenticidad. Este alineamiento con valores personales garantiza que cada paso sea dado con convicción, contribuyendo a la construcción de una trayectoria verdadera.

Reconectarse con el niño interior también puede ser una clave para descubrir el propósito. Recordar las actividades que encantaban en la infancia y los sueños que parecían grandiosos puede revelar pasiones genuinas. Muchas veces, los intereses más puros se manifiestan desde temprano e indican talentos naturales que pueden ser desarrollados. Esta reconexión trae a la superficie una espontaneidad que se traduce en elecciones más auténticas y placenteras.

Prestar atención a los propios intereses y curiosidades es otra forma eficaz de identificar el propósito. ¿Qué despierta fascinación y ganas de aprender? ¿Cuáles temas provocan entusiasmo? Estas pistas indican direcciones que hacen sentido y pueden abrir puertas para nuevas oportunidades. Seguir estos intereses con valentía y curiosidad conduce a caminos ricos en significado.

Experimentar cosas nuevas amplía horizontes y permite descubrir talentos ocultos. Explorar diferentes ambientes, viajar, aprender habilidades nuevas y salir de la zona de confort son maneras de expandir la visión del mundo. Cada experiencia vivida trae aprendizajes que contribuyen a la construcción de una vida más rica y auténtica. La experimentación abre espacio para descubrir pasiones inesperadas y fortalece la capacidad de adaptación.

La intuición también desempeña un papel fundamental en esta búsqueda. Funciona como una brújula interna, guiando a través de sensaciones e insights que no siempre son comprendidos por la lógica. Confiar en esta voz interior permite acceder a una sabiduría profunda y alineada con la propia esencia. Esta orientación intuitiva revela caminos que conducen a experiencias transformadoras y auténticas.

Reflexionar sobre el impacto que se desea causar en el mundo ayuda a iluminar el propósito. Preguntas como "¿Qué legado quiero dejar?" o "¿Cómo puedo contribuir para un mundo mejor?" incentivan una reflexión profunda sobre la misión de vida. Esta mirada orientada hacia lo colectivo amplía el significado de las acciones y fortalece el compromiso con algo mayor.

Inspirarse en personas que viven con propósito puede ser motivador. Observar trayectorias de individuos que impactan positivamente el mundo revela posibilidades y caminos a seguir. Identificar aspectos de estas historias que resuenan con la propia jornada fortalece la motivación para actuar y transforma la inspiración en acción concreta.

Es importante recordar que descubrir el propósito es un proceso continuo. No hay prisa. La paciencia consigo mismo es esencial para permitir que este camino se revele gradualmente. Cada experiencia vivida contribuye a la construcción de una vida plena y significativa. La acción constante, aunque sea en pequeños pasos, es lo que permite vivir el propósito de forma concreta.

Alinear acciones con valores profundos es esencial para vivir con propósito. Cada decisión debe reflejar principios que sustentan la integridad personal. Buscar equilibrio entre responsabilidades, ocio y crecimiento personal mantiene energía y motivación para avanzar sin descuidar el bienestar. Poner talentos al servicio del colectivo amplía el impacto positivo, fortaleciendo el sentido de realización.

Practicar la gratitud por cada aprendizaje y conquista a lo largo de la jornada refuerza la conexión con el propósito. Valorar pequeñas victorias fortalece la motivación y atrae nuevas oportunidades. Celebrar cada conquista alimenta la confianza y mantiene el entusiasmo para seguir adelante con determinación.

Así, vivir con propósito es una invitación constante a la autenticidad, valentía y acción consciente. Al alinear intenciones, elecciones y actitudes con la propia esencia, se construye una vida repleta de significado. Este camino no solo realiza individualmente, sino que también inspira y transforma el mundo alrededor.

A lo largo de esta jornada de autodescubrimiento y realización, es esencial recordar que el propósito no es algo fijo o inmutable. Evoluciona conforme crecemos, maduramos y adquirimos nuevas perspectivas. Estar abierto a cambios y adaptaciones permite que el propósito se refine con el tiempo, volviéndose aún más alineado con nuestra esencia. Este dinamismo es lo que mantiene la vida vibrante y llena de posibilidades, proporcionando espacio para nuevos sueños, desafíos y conquistas que enriquecen el camino recorrido.

Además, cultivar la presencia en el momento actual es fundamental para vivir con propósito. Muchas veces, estamos tan enfocados en metas futuras que olvidamos de valorar el presente, donde las experiencias más significativas acontecen. Al practicar la atención plena, logramos aprovechar cada etapa de la jornada, reconociendo las pequeñas victorias y aprendizajes que sustentan el crecimiento personal. Este equilibrio entre visión de futuro y apreciación del presente fortalece la conexión con nuestra misión de vida y nos impulsa a seguir adelante con ligereza y confianza.

Por último, vivir con propósito es una invitación constante a la autenticidad y a la valentía. Es permitirse ser verdadero consigo mismo, honrando los propios valores y sueños, incluso ante las incertidumbres. Cada paso dado con intención fortalece el camino, convirtiéndolo no solo en una trayectoria de conquistas, sino también de significado profundo. Al integrar propósito, acción y autenticidad, construimos una vida que no solo nos realiza individualmente, sino que también inspira y transforma el mundo a nuestro alrededor.

Capítulo 33
Desapego Material

Desapegarse de bienes materiales es un paso esencial para alcanzar una vida más ligera, plena y significativa. Al reducir la importancia atribuida a los objetos y a las posesiones, surge la oportunidad de valorar aspectos más profundos de la existencia, como las experiencias vividas, las relaciones verdaderas y la conexión con la propia esencia. Este proceso permite reconocer que la felicidad no está vinculada a la acumulación de cosas, sino a la capacidad de vivir con autenticidad y propósito. Abrir mano del exceso material es, por lo tanto, una elección consciente que amplía la percepción de abundancia, tornando la vida más equilibrada y satisfactoria.

Al liberarse del apego a los bienes, se crea espacio para lo nuevo y para el crecimiento personal. Este espacio no es apenas físico, sino también mental y emocional, permitiendo que nuevas oportunidades, ideas y relaciones se desarrollen de forma natural. La ligereza conquistada al deshacerse de lo superfluo facilita el foco en lo que realmente importa, promoviendo claridad en las decisiones y fortaleciendo la capacidad de lidiar con los desafíos cotidianos. Esta transformación es profunda, pues impacta directamente el bienestar, la salud emocional y la forma como se encara el mundo, contribuyendo para una existencia más consciente y plena.

Esta mudanza de perspectiva abre camino para una vida más auténtica, donde la búsqueda por significado sustituye la necesidad de acumular bienes. El desapego material fortalece la conexión con valores esenciales, como gratitud, simplicidad y generosidad, permitiendo que la verdadera abundancia se manifieste en todas las áreas de la vida. Esta nueva mirada proporciona libertad y autonomía, eliminando la ansiedad generada por el consumismo y creando un ambiente favorable al equilibrio emocional y a la realización personal. Así, al priorizar experiencias y conexiones humanas, se torna posible vivir con más propósito, aprovechando plenamente cada momento.

Imagine un pájaro que planea alto en los cielos, deslizando suavemente por el viento, sin cargar nada además de sus propias alas. Él no acumula bienes, no construye reservas de peso que puedan limitar sus vuelos. El pájaro sigue ligero y libre, guiado apenas por el instinto y por la necesidad esencial de existir. El desapego material es como este vuelo: un movimiento de liberación, en que se sueltan los excesos y se elige cargar apenas lo que es verdaderamente necesario para alcanzar alturas mayores. Vivir así es permitirse fluir por la vida con ligereza, abriendo espacio para lo que realmente importa - las experiencias, las relaciones y la conexión genuina con la propia esencia.

El apego a los bienes materiales muchas veces funciona como un ancla que sujeta y limita el crecimiento personal. Cuanto más se acumula, más difícil se torna percibir lo que es esencial. Romper con este ciclo de acumulación excesiva es abrir puertas para nuevas posibilidades. Al deshacerse de lo superfluo, se crea espacio físico, mental y emocional para lo nuevo. Este espacio permite que nuevas ideas florezcan, que oportunidades inesperadas se presenten y que conexiones más profundas sean formadas. La ausencia de exceso trae claridad y foco, facilitando elecciones más conscientes y alineadas con los valores personales.

Simplificar la vida, por lo tanto, no es un acto de privación, sino de expansión. Al eliminar lo desnecesario, se gana tiempo y energía para invertir en lo que realmente trae felicidad y realización. Este proceso invita a la reflexión sobre el verdadero significado de abundancia. Lejos de ser medido por el volumen de bienes acumulados, el concepto de abundancia se manifiesta en las experiencias vividas con autenticidad y propósito. Cada objeto dejado para atrás es un símbolo de desprendimiento, un paso firme en dirección a una vida más plena y significativa.

El desapego material no apenas simplifica la rutina, sino también reduce el estrés y la ansiedad. El peso de mantener, proteger y acumular objetos trae consigo preocupaciones constantes. La manutención de bienes exige tiempo, energía y recursos que podrían ser direccionados para aspectos más significativos de la vida. Al abrir mano de este fardo, surge una paz interior, una sensación de ligereza y libertad que permite vivir el presente con más serenidad. El foco se desplaza del tener para el ser, proporcionando equilibrio emocional y mental.

Esta ligereza conquistada fortalece aún más la gratitud. Al valorar lo que ya se tiene y reconocer las verdaderas riquezas de la vida - como salud, amor, aprendizaje y crecimiento personal - se desarrolla una perspectiva más positiva y plena. Este estado de gratitud no apenas genera contentamiento, sino también crea un flujo continuo de abundancia. La mente y el corazón abiertos atraen nuevas oportunidades y experiencias enriquecedoras, permitiendo que la prosperidad se manifieste de forma natural.

Conectarse con la abundancia interior es uno de los mayores presentes del desapego. Cuando no se está preso a los bienes materiales, se torna más fácil acceder a talentos, pasiones y a la propia creatividad. Esta conexión con la esencia revela una riqueza que no depende de factores externos. Vivir con autenticidad y propósito fortalece la autoconfianza y la autonomía, conduciendo a una existencia más libre y alineada con los verdaderos deseos del alma.

Para cultivar el desapego material, es esencial comenzar de forma gradual. Pequeños pasos tienen un gran impacto. Separar objetos que no tienen más utilidad, como ropa, libros o utensilios, puede parecer simple, pero representa un movimiento significativo de liberación. Cada ítem donado o descartado es una invitación para reflejar sobre lo que realmente agrega valor a la vida. Este proceso no precisa ser abrupto; debe ser consciente y constante, respetando el ritmo de cada uno.

Practicar la generosidad es otro camino poderoso para el desapego. Donar objetos para quien precisa o para instituciones de caridad transforma el exceso en oportunidad. El acto de compartir amplía la percepción de abundancia y refuerza la idea de que la verdadera riqueza reside en el flujo - en el dar y recibir - y no en el estancamiento de bienes. Al entregar algo que ya no sirve, se abre espacio no apenas físico, sino también emocional para lo nuevo.

Organizar los espacios es una forma práctica de materializar el desapego. Ambientes limpios y organizados reflejan una mente clara y tranquila. Al revisar armarios, cajones y ambientes de la casa, se elimina lo que está en exceso y se crea un ambiente que favorece la armonía y el bienestar. Este cuidado con el espacio alrededor fortalece la conexión con lo que realmente importa, tornando más fácil reconocer lo que es esencial.

Reflejar sobre hábitos de consumo es un paso fundamental en este proceso. La sociedad frecuentemente estimula el consumo desenfrenado como camino para la felicidad. Cuestionar este patrón es crucial para desarrollar una relación más consciente con lo material. Observar los gatillos que llevan a compras por impulso y priorizar calidad en vez de cantidad son actitudes que promueven una vida más equilibrada y alineada con valores auténticos.

Valorizar experiencias en detrimento de objetos es una elección que transforma la relación con el mundo material. Momentos vividos - viajes, encuentros, aprendizajes - dejan marcas más profundas y duraderas que cualquier bien físico. Estas vivencias enriquecen el alma, crean memorias afectivas y contribuyen para el crecimiento personal de forma significativa.

La conexión con la naturaleza también inspira el desapego. La simplicidad y la armonía presentes en los ciclos naturales muestran que la vida puede ser rica sin excesos. Observar el fluir de las aguas, el crecer de los árboles y el vuelo de los pájaros enseña sobre la belleza de lo esencial. Pasar tiempo en la naturaleza refuerza la idea de que menos es más y que la verdadera abundancia está en la simplicidad.

Desprenderse del pasado es otra etapa importante. Muchas veces, guardamos objetos cargados de memorias que ya no nos sirven más. Fotografías, cartas y recuerdos materiales pueden convertirse en anclas emocionales. Liberarse de esas amarras permite vivir plenamente el presente y abrir camino para un futuro más ligero y libre.

Simplificar las finanzas también es una forma de desapego. Organizar gastos, eliminar deudas y evitar compras desnecesarias son prácticas que traen ligereza y libertad. Una vida financiera equilibrada favorece elecciones más conscientes y reduce preocupaciones, permitiendo enfocar en lo que realmente trae realización.

Adoptar el minimalismo como estilo de vida es una expresión práctica del desapego. Vivir con menos, pero con propósito, trae claridad, libertad y espacio para lo que realmente importa. Esta filosofía incentiva la priorización de lo esencial, permitiendo que cada elección sea hecha con intención y consciencia.

Al practicar el desapego material de forma continua, se percibe que pequeñas mudanzas generan transformaciones profundas. Este proceso no apenas reorganiza el ambiente externo, sino también impacta la forma como se lidia con desafíos y oportunidades. La claridad conquistada fortalece la capacidad de tomar decisiones más asertivas y conscientes, promoviendo equilibrio y serenidad.

Así, el desapego material se torna un camino de autoconocimiento y libertad. Al soltar las amarras del consumo excesivo, se abre espacio para vivir con más autenticidad y propósito. Este movimiento de desapego se refleja en una vida más ligera y plena, donde la verdadera abundancia se manifiesta en las experiencias vividas, en los lazos afectivos y en la paz interior que surge al vivir de forma simple y significativa.

Al incorporar el desapego material en el día a día, es posible percibir cómo pequeñas mudanzas generan impactos profundos y duraderos. Este proceso no exige prisa, sino constancia y consciencia en cada elección. Al reconocer lo que realmente agrega valor a la vida, se torna más fácil abrir mano de lo que es superfluo y dar espacio a lo que promueve crecimiento y bienestar. Así, cada objeto dejado para atrás representa un paso en dirección a una vida más auténtica, ligera y alineada con los verdaderos deseos del alma.

Con el tiempo, la práctica del desapego transforma no apenas el ambiente físico, sino también la forma como se encara desafíos y oportunidades. La claridad conquistada al simplificar la vida amplía la percepción sobre lo que es esencial, fortaleciendo la capacidad de tomar decisiones más conscientes y asertivas. Esta nueva mirada permite lidiar con los altos y bajos de la vida con más equilibrio y serenidad, valorando cada experiencia como una oportunidad de aprendizaje y evolución.

La jornada del desapego material es, por lo tanto, un camino de autoconocimiento y libertad. Al soltar las amarras que nos prenden a la acumulación y al consumo desenfrenado, abrimos espacio para vivir con más propósito y conexión. Este movimiento interno se refleja en una existencia más ligera, donde la verdadera abundancia se manifiesta en las experiencias vividas, en los lazos afectivos y en la paz interior que surge al vivir de forma simple y significativa.

Capítulo 34
Simplicidad y Minimalismo

Adoptar la simplicidad y el minimalismo es asumir el control consciente sobre la propia vida, eligiendo vivir con intencionalidad y propósito. Este camino involucra desapegarse de excesos materiales, compromisos desnecesarios y estímulos que sobrecargan la mente, creando espacio para lo que realmente importa. La práctica de valorar lo esencial no significa privación, sino la búsqueda por equilibrio, autenticidad y bienestar. Cuando cada objeto, actividad y relación ocupa un lugar significativo, la vida gana ligereza y claridad, permitiendo que la verdadera esencia florezca con más fuerza y naturalidad.

Esta abordage promueve una reorganización interna y externa, favoreciendo la paz mental y la libertad emocional. La ausencia de acumulación y la eliminación de distracciones traen beneficios profundos, como la reducción del estrés, el aumento de la productividad y el fortalecimiento de las conexiones personales. Con menos ruido y desorden, se torna más fácil identificar prioridades, invertir energía en las relaciones y proyectos que realmente traen satisfacción y nutrir la creatividad. La simplicidad se revela, así, como un camino para una vida más significativa, alineada a los propios valores y objetivos.

Vivir de forma simple también abre espacio para la gratitud y la abundancia. Al apreciar lo que ya se tiene y reducir el deseo constante por más, se crea una relación más saludable con el consumo y con el tiempo. Esta mudanza de perspectiva contribuye para una rutina más ligera y armoniosa, donde hay más espacio para experiencias enriquecedoras y conexiones verdaderas. La simplicidad y el minimalismo transforman la existencia en una jornada de autoconocimiento y libertad, permitiendo que cada elección refleje aquello que realmente trae felicidad y plenitud.

Imagine una casa amplia, iluminada por la luz suave que entra por las ventanas abiertas. Cada cuarto está organizado de forma armoniosa, donde cada objeto tiene un propósito claro y ocupa su debido lugar. No hay excesos, no hay distracciones, apenas espacio para respirar, para ser. La simplicidad y el minimalismo son como crear este ambiente no apenas alrededor, sino dentro de sí. Es la elección consciente de eliminar el exceso, el desorden y el ruido, permitiendo que la energía vital fluya libremente. Este estado de claridad interior abre camino para que la verdadera abundancia se manifieste con naturalidad.

Adoptar la simplicidad y el minimalismo no significa abrir mano del confort o vivir en la privación. Se trata de una decisión intencional de valorar lo que realmente importa, liberándose del peso del exceso y de la constante búsqueda por más. Esta elección promueve equilibrio, autenticidad y bienestar, permitiendo que cada aspecto de la vida - desde los objetos que poseemos hasta los compromisos que asumimos - refleje nuestros valores más profundos. Al alinear las elecciones diarias con lo que es esencial, la vida gana ligereza y claridad, y la verdadera esencia de quien somos florece con más fuerza.

Esta reorganización interna y externa trae innumerables beneficios. La ausencia de acumulación y la eliminación de distracciones reducen el estrés y la ansiedad, proporcionando paz mental y libertad emocional. Con menos ruido alrededor, se torna más fácil identificar prioridades, direccionar energía para relaciones y proyectos significativos y cultivar la creatividad. Vivir con menos no es un sacrificio, sino una oportunidad de enfocar en lo que verdaderamente trae realización. La simplicidad se revela, así, como un camino para una vida más alineada con nuestros objetivos y valores.

Vivir de forma simple también despierta la gratitud y amplía la percepción de abundancia. Cuando dejamos de buscar constantemente más y pasamos a valorar lo que ya tenemos, desarrollamos una relación más saludable con el consumo y con el tiempo. Esta mudanza de perspectiva crea una rutina más armoniosa, donde hay más espacio para experiencias enriquecedoras y conexiones genuinas. La simplicidad y el minimalismo, entonces, no apenas organizan la vida, sino la transforman en una jornada de autoconocimiento y libertad, donde cada elección es un reflejo de aquello que verdaderamente trae felicidad y plenitud.

Este estilo de vida también libera tiempo y energía, recursos preciosos que muchas veces son desperdiciados con actividades, compromisos y posesiones desnecesarias. Cuando nos libramos de esas distracciones, podemos dedicarnos con más intensidad a nuestros sueños, pasiones, relaciones y a nuestro propósito de vida. Esta libertad nos da más foco y disposición para invertir en lo que realmente importa, creando una sensación de ligereza que permea todas las áreas de la existencia.

Además, el minimalismo reduce el estrés y la ansiedad. El desorden, tanto físico como mental, sobrecarga la mente, generando inquietud y cansancio. Al optar por una vida más simple, desaceleramos, calmamos los pensamientos y encontramos un estado natural de equilibrio emocional. Esta serenidad permite encarar desafíos con más claridad y calma, tornando la vida más ligera y satisfactoria.

Con menos distracciones, el foco y la concentración aumentan significativamente. La mente se torna más clara y direccionada, facilitando la productividad y permitiendo alcanzar objetivos con más eficiencia. Este estado de claridad también estimula la creatividad, ya que un ambiente organizado y libre de excesos promueve la imaginación y la capacidad de encontrar soluciones innovadoras. Ideas fluyen con más naturalidad cuando no estamos sobrecargados por estímulos desnecesarios.

Al eliminar lo superfluo, fortalecemos la conexión con nuestra esencia. Este proceso de desapego nos invita a revisitar nuestros valores, prioridades y propósito. Es una oportunidad de reconectarnos con quien realmente somos y con aquello que deseamos para nuestra vida. Esta reconexión nos guía a elecciones más auténticas y alineadas con nuestros verdaderos objetivos, promoviendo una existencia más coherente.

Con eso, la gratitud se intensifica. Vivir con menos y con más propósito nos permite valorar cada pequeña bendición y divisar el verdadero valor de lo que ya poseemos. Esta apreciación genuina nos trae contentamiento y bienestar, apartando la insatisfacción constante que el consumismo incentiva. La simplicidad abre espacio para que la abundancia se manifieste de forma natural, atrayendo oportunidades y prosperidad en todas las áreas de la vida.

Para cultivar esta simplicidad, el primer paso es desapegarse del exceso de bienes materiales. Done, venda o recicle objetos, ropa y utensilios que no son más útiles o que no traen alegría. Al mantener apenas lo esencial, la vida se torna más ligera y llena de significado. Este proceso de desapego no apenas organiza el espacio físico, sino también promueve una reorganización interna, creando un ambiente propicio para el bienestar y la claridad mental.

Organizar los ambientes físicos se refleja directamente en la mente. Espacios organizados promueven claridad, foco y tranquilidad. Al organizar armarios, cajones y cuartos, eliminamos el desorden y creamos un ambiente harmonioso, donde la energía puede fluir con más ligereza. Esta harmonía externa facilita la conexión con lo que realmente importa, creando un espacio mental más libre para nuevas ideas y proyectos.

Simplificar la rutina también es esencial. Eliminar compromisos desnecesarios y priorizar actividades que traen satisfacción permite que los días sean más productivos y placenteros. Este equilibrio entre hacer y descansar es fundamental para mantener la energía y la motivación en niveles saludables. Desacelerar y vivir con más calma nos permite estar presentes en cada momento, apreciando el camino y no apenas el destino.

Practicar el consumo consciente es otra forma poderosa de integrar la simplicidad a la vida. Reflejar sobre hábitos de consumo y optar por calidad en vez de cantidad nos ayuda a evitar compras impulsivas y a valorar más lo que adquirimos. Este comportamiento también contribuye para una vida más sustentable, reduciendo el impacto ambiental y promoviendo un consumo más ético.

El minimalismo digital es igualmente importante. Reducir el tiempo gastado en redes sociales, e-mails y distracciones digitales permite una conexión más profunda con el mundo real. Desconectarse del exceso de información nos ayuda a reconectarnos con nosotros mismos y con lo que verdaderamente importa, trayendo más equilibrio y claridad mental.

Vivir con simplicidad y minimalismo no es una mudanza que ocurre de una hora para otra, sino un proceso continuo de elecciones conscientes. Cada decisión de eliminar el exceso y valorar lo esencial contribuye para una vida más plena y significativa. Es un camino de autoconocimiento y libertad, donde el verdadero valor no está en lo que se posee, sino en lo que se vive.

Al final, la simplicidad y el minimalismo se revelan como elecciones transformadoras. Este movimiento constante de desapego y reconexión con lo esencial no apenas alivia el peso del exceso, sino también fortalece la presencia, la gratitud y la libertad.

Capítulo 35
Abundancia Interior

La verdadera abundancia nace en el interior, como una fuerza silenciosa y poderosa que sustenta cada aspecto de la vida. Se trata de reconocer y valorar la inmensa riqueza emocional, espiritual y mental que habita dentro de sí, independientemente de las circunstancias externas. Este estado de plenitud interna se refleja en pensamientos positivos, actitudes equilibradas y una conexión profunda con la propia esencia. A partir de esta consciencia, se vuelve posible vivir con más serenidad, confianza y gratitud, permitiendo que la prosperidad fluya naturalmente en todas las áreas de la vida. La abundancia interior no es algo a ser conquistado, sino más bien despertado, pues ya existe como parte intrínseca de quien tú eres.

Esta riqueza interna se revela en la capacidad de encontrar paz en medio de los desafíos, amor en las relaciones cotidianas y alegría en las pequeñas conquistas diarias. Al fortalecer la conexión con tus valores, talentos y propósitos, accedes a una fuente inagotable de energía que impulsa el crecimiento personal y emocional. Este estado de contento no depende de bienes materiales o validación externa, sino de la armonía entre mente, cuerpo y espíritu. Cuando la percepción de ti mismo se expande, la visión sobre la vida también se transforma, permitiendo vislumbrar oportunidades donde antes había limitaciones y cultivar gratitud por cada experiencia vivida.

Desarrollar esta abundancia interior exige una mirada atenta hacia dentro, por medio de prácticas que favorecen el autoconocimiento, el amor propio y la aceptación. Este proceso continuo involucra cuidar de sí con compasión, perdonar antiguas heridas y valorar cada paso de la jornada personal. Al nutrir pensamientos positivos y abrir espacio para sentimientos genuinos de gratitud y generosidad, se crea un ambiente interno fértil para la paz y la felicidad. Así, la abundancia interior se convierte en la base sólida para una vida plena, donde cada elección es guiada por la armonía y cada acción refleja la prosperidad que ya habita en tu corazón.

Imagina un pozo artesiano escondido en las profundidades de la tierra, de donde brota un agua cristalina y pura, incesante y abundante, sin jamás ser afectado por las tormentas o la aridez que pueda existir en la superficie. Así es la abundancia interior: una fuente inagotable de riqueza emocional y espiritual que emana del centro del ser, nutriendo y fortaleciendo cada aspecto de la vida. Esta energía constante y silenciosa permanece intacta, incluso frente a las adversidades, ofreciendo sustentación y equilibrio. No depende de factores externos, sino que fluye naturalmente, guiando pensamientos, emociones y acciones de manera armoniosa.

Esta conexión profunda con la propia esencia se convierte en el cimiento de la verdadera felicidad. Cuando se comprende que la plenitud no está en las posesiones o en la aprobación social, sino en la capacidad de acoger la propia autenticidad, se descubre un estado de serenidad constante. La felicidad pasa a ser cultivada internamente, alimentada por la paz de espíritu, la gratitud y el amor incondicional. Este sentimiento de contento no surge de conquistas externas, sino de la intimidad con valores, pasiones y propósitos que moldean la identidad de cada individuo.

Despertar esta abundancia interior exige una jornada de autoconocimiento sincera y profunda. Es preciso explorar pensamientos, emociones y creencias con coraje, sumergiéndose en las capas más íntimas de la propia existencia. Esta búsqueda permite acceder a talentos ocultos, pasiones olvidadas y valores fundamentales que guían las elecciones y moldean el carácter. A partir de esta comprensión, surge una sensación de pertenencia y autenticidad, como si cada descubrimiento interno fuera una pieza esencial en el rompecabezas de la propia realización.

En el corazón de esta jornada, el amor propio florece como una base sólida. Reconocer el propio valor, con todas las cualidades e imperfecciones, es un acto de compasión y respeto por sí mismo. Este amor genuino fortalece la autoconfianza y crea un ambiente interno propicio al crecimiento y a la felicidad. Aceptarse plenamente, sin juicios, permite abrazar la propia humanidad y caminar con más ligereza por la vida, libre de las ataduras de la autocrítica excessiva.

La gratitud, por su parte, actúa como un poderoso transformador de la percepción. Al practicar la gratitud diariamente, cada detalle de la vida adquiere un nuevo brillo. Pequeñas bendiciones, muchas veces inadvertidas, pasan a ser reconocidas como dádivas preciosas. Agradecer por las relaciones, las oportunidades e incluso los desafíos amplía la capacidad de vislumbrar la abundancia que ya existe. Esta mentalidad positiva abre puertas para experiencias enriquecedoras, creando un ciclo continuo de prosperidad interna.

El perdón emerge como un puente para la libertad emocional. Liberarse del peso de las heridas y resentimientos, perdonando a sí mismo y a los otros, disuelve las barreras que impiden el flujo de la paz interior. El perdón no significa olvidar o justificar, sino elegir no cargar más con la carga del pasado. Esta decisión abre espacio para que sentimientos genuinos de amor y comprensión puedan florecer, permitiendo que la abundancia fluya libremente en la vida.

La meditación se presenta como una práctica esencial para acceder a esta fuente interna de riqueza. En el silencio de la mente, lejos del ruido externo, es posible encontrar claridad y serenidad. La conexión con el momento presente, proporcionada por la meditación, revela la paz y la sabiduría que siempre estuvieron allí, ocultas bajo las capas de pensamientos incesantes. Este estado de equilibrio interno fortalece la percepción de la abundancia ya existente, creando un espacio fértil para que la felicidad florezca.

Prácticas de atención plena, como el mindfulness, refuerzan esta conexión con el ahora. Al prestar atención al presente sin juicios, cada experiencia se vuelve más vívida y significativa. Sentir la textura de una hoja, el aroma del café o el calor del sol en la piel son momentos simples que, cuando se viven plenamente, revelan la riqueza de la vida cotidiana. Esta presencia consciente alimenta la sensación de completud y disuelve la ansiedad en relación al pasado o al futuro.

La naturaleza también desempeña un papel fundamental en este proceso de reconexión. Estar en contacto con ambientes naturales, sentir el viento, escuchar el sonido del agua u observar el movimiento de los árboles, trae una renovación silenciosa y profunda. La naturaleza inspira y enseña sobre ciclos, resiliencia y equilibrio, despertando en el ser humano una sensación de pertenencia al todo y a la abundancia de la creación.

Además, el cultivo de virtudes como la compasión, la generosidad, la paciencia y la humildad enriquece el alma. Practicar estas cualidades no solo fortalece el carácter, sino que también expande la percepción de la prosperidad interior. La compasión conecta corazones, la generosidad abre caminos, la paciencia trae sabiduría y la humildad permite crecer con autenticidad. Estas virtudes se reflejan en las acciones diarias, creando un ciclo de bienestar y armonía con el mundo.

La aceptación surge como una invitación a la ligereza. Aceptar las circunstancias de la vida, con sus incertidumbres y desafíos, libera de la resistencia y permite fluir con más naturalidad. Esta aceptación no es resignación, sino comprensión de que cada experiencia, agradable o no, trae consigo un aprendizaje valioso. Con serenidad, es posible acoger cambios y desafíos como oportunidades de evolución.

El autocuidado complementa este camino, siendo una expresión de amor y respeto por la propia existencia. Nutrir el cuerpo con alimentación saludable, ejercitarse, dormir bien y reservar momentos para el ocio son formas concretas de honrar la propia vida. Este cuidado integral sustenta el equilibrio físico, emocional y mental, fortaleciendo la base para que la abundancia interior se manifieste plenamente.

Cuando esta abundancia se expresa en lo cotidiano, las relaciones se transforman. Los lazos se vuelven más auténticos y profundos, basados en el respeto y la empatía. A partir del reconocimiento de la propia riqueza interna, se vuelve posible vislumbrar y valorar la riqueza emocional de los otros, creando conexiones más armoniosas y duraderas.

En el ámbito profesional, esta abundancia impulsa el desempeño con propósito y creatividad. Trabajar con pasión y autenticidad abre espacio para la innovación y la realización. El éxito deja de ser solo una meta externa y pasa a ser un reflejo de la expresión genuina de talentos y valores, tornando el ambiente de trabajo más gratificante y productivo.

En las finanzas, esta mentalidad promueve equilibrio. El dinero es administrado con sabiduría y responsabilidad, no como una fuente de ansiedad, sino como un recurso que apoya una vida alineada con los propios valores. Esto evita excesos y desperdicios, trayendo seguridad y libertad financiera.

En la salud, los pensamientos positivos y las prácticas saludables fortalecen el cuerpo y la mente. El bienestar se convierte en una prioridad natural, promoviendo vitalidad y energía para vivir plenamente. En la espiritualidad, esta abundancia profundiza la conexión con lo divino, ampliando la fe y la gratitud por la vida.

Así, la abundancia interior se revela como un flujo constante de amor, paz y propósito, iluminando cada paso de la jornada. Es una invitación a vivir con más ligereza, confianza y gratitud, permitiendo que la verdadera prosperidad se manifieste en cada aspecto de la existencia.

Cuando la abundancia interior se convierte en parte esencial de tu ser, cada experiencia vivida adquiere un nuevo significado. Los desafíos dejan de ser obstáculos y pasan a ser oportunidades de crecimiento, mientras que las conquistas, por pequeñas que sean, se convierten en celebraciones genuinas de la vida. Esta perspectiva transforma el modo como te relacionas contigo mismo y con el mundo, guiando tus elecciones con más sabiduría y equilibrio. A partir de esta base sólida, el camino para la realización personal y colectiva se vuelve más claro, fluyendo naturalmente en armonía con tus valores y propósitos.

Esta transformación interna también se refleja en la manera como impactas el ambiente a tu alrededor. La energía positiva generada por la abundancia interior inspira y contagia a otras personas, creando ciclos de bondad, cooperación y prosperidad. Pequeños gestos de generosidad y comprensión se multiplican, contribuyendo para ambientes más acogedores y relaciones más auténticas. Así, la búsqueda por la realización deja de ser un objetivo solitario y se expande, promoviendo el bienestar colectivo y fortaleciendo lazos de empatía y solidaridad.

Permitirse vivir la abundancia interior es, por lo tanto, una invitación a honrar la propia jornada con amor, aceptación y confianza. Cada paso dado en dirección al autoconocimiento, al cuidado con el cuerpo y a la conexión espiritual alimenta esta fuente inagotable de plenitud. Y es en este estado de equilibrio y armonía que la vida se revela en su forma más rica y verdadera, conduciéndote a una existencia donde la paz, la prosperidad y la felicidad no son metas distantes, sino realidades presentes en cada instante.

Capítulo 36
Compartiendo la Abundancia

Compartir la abundancia representa la expresión más auténtica de la prosperidad, en la cual la generosidad se transforma en un lazo poderoso de conexión y crecimiento colectivo. Cuando se reconoce que los recursos, talentos y conquistas pueden ser amplificados a través de la compartición, se crea un flujo continuo de prosperidad que beneficia a todos. Este movimiento transciende el simple acto de donar bienes materiales; involucra el cultivo de una mentalidad abierta y receptiva, capaz de transformar pequeñas acciones en grandes impactos. La abundancia no se limita a lo que se posee, sino que se manifiesta plenamente cuando es compartida con intención genuina, fortaleciendo lazos, inspirando cambios y expandiendo oportunidades para todos alrededor.

Al adoptar la práctica de compartir, se fortalece una red de apoyo y solidaridad que impulsa el crecimiento mutuo. La generosidad alimenta las relaciones, estrecha vínculos afectivos y promueve una cultura de colaboración, en la cual cada gesto contribuye para un ambiente más armonioso y equilibrado. Este intercambio sincero no solo suple necesidades inmediatas, sino que también crea bases sólidas para la construcción de una sociedad más justa y compasiva. El impacto de estas acciones reverbera en múltiples esferas de la vida, promoviendo bienestar emocional, seguridad y confianza mutua. Así, compartir la abundancia se vuelve un camino natural para generar prosperidad continua y sustentable.

Cada acto de compartir lleva consigo la semilla de la transformación. Ya sea a través de tiempo dedicado, palabras de aliento o recursos materiales, toda expresión de generosidad contribuye para fortalecer la corriente de abundancia. Este flujo se amplía a medida que inspira a otras personas a adoptar actitudes semejantes, creando una espiral ascendente de cooperación y crecimiento colectivo. La abundancia verdadera reside en la consciencia de que siempre hay algo valioso que ofrecer y que, al distribuir lo que se tiene de mejor, se abre espacio para recibir aún más. Este ciclo virtuoso no solo transforma vidas individualmente, sino que también impacta positivamente al mundo como un todo, promoviendo una realidad más próspera y equilibrada.

Imagina una mesa larga y acogedora, cubierta por un mantel de lino, donde platos humeantes y coloridos son dispuestos con cariño. Alrededor de ella, personas de diferentes historias y trayectorias se reúnen, intercambiando sonrisas y palabras cálidas. El aroma de los alimentos se mezcla con la ligereza de las risas y el brillo en los ojos de aquellos que comparten no solo la comida, sino también momentos de verdadera conexión. Este escenario traduce, de manera vívida, el significado de compartir la abundancia. Más que dividir recursos materiales, se trata de abrir espacio para el otro, de invitarlo a participar de nuestra prosperidad y celebrar juntos la abundancia de la vida.

Este acto de invitar a alguien a la mesa de la abundancia es una expresión profunda de gratitud. Cuando dividimos lo que tenemos, reconocemos las bendiciones que recibimos y demostramos aprecio por las conquistas alcanzadas. Este reconocimiento sincero resuena como una declaración silenciosa al universo, afirmando que estamos listos para recibir aún más. La generosidad, en este contexto, no es solo un gesto de entrega, sino también una forma de honrar el presente y preparar el corazón para acoger nuevas oportunidades. El universo, sensible a la vibración de la gratitud, responde con la expansión de la prosperidad, creando un flujo continuo de bendiciones.

Esta práctica también eleva la vibración personal. Al actuar con generosidad, los sentimientos de alegría, amor y compasión se intensifican, impregnando cada acción con una energía elevada y positiva. Este estado vibracional elevado funciona como un faro, atrayendo experiencias enriquecedoras y fortaleciendo la sintonía con la frecuencia de la abundancia. Cada gesto de compartir emana ondas de bienestar, creando un ambiente donde la positividad se esparce e inspira nuevas actitudes. Así, compartir se vuelve una forma de nutrir el propio espíritu mientras se contribuye a la armonía alrededor.

El impacto de compartir va más allá del acto aislado; desencadena un ciclo virtuoso. Cada demostración de generosidad inspira a otros a hacer lo mismo, formando una corriente continua de cooperación y solidaridad. Este flujo de dar y recibir fortalece lazos sociales y amplía la abundancia colectiva. La consciencia de que siempre hay algo valioso que ofrecer - ya sea tiempo, conocimiento o simples palabras de apoyo - transforma la manera como nos relacionamos con el mundo. Al renunciar al miedo a la escasez y confiar en la abundancia de la vida, creamos una red de apoyo donde todos prosperan.

En las relaciones, el acto de compartir se revela como un lazo poderoso de fortalecimiento. Ofrecer tiempo de calidad, pequeños gestos de cariño o apoyo en momentos difíciles solidifica los vínculos afectivos. Estas acciones generan memorias significativas y profundizan las conexiones emocionales. La generosidad, cuando es cultivada de forma espontánea, no solo nutre las relaciones existentes, sino que también atrae nuevas conexiones, basadas en la confianza y la empatía. El intercambio sincero se transforma en un cimiento sólido para la construcción de relaciones duraderas y verdaderas.

Además del impacto personal, compartir la abundancia contribuye directamente a la transformación del mundo. Pequeños gestos, como donar recursos financieros, tiempo o talentos, reverberan en cambios sociales positivos. Cuando una persona decide apoyar una causa, ayudar a alguien o contribuir con su conocimiento, esta actitud se multiplica, creando ondas de transformación. El mundo se vuelve más justo y compasivo, y cada contribución individual pasa a integrar un movimiento colectivo de evolución y equilibrio. Así, la generosidad no solo mejora vidas individuales, sino que también moldea una sociedad más solidaria.

Existen diversas maneras de compartir la abundancia, y cada una lleva su valor único. La donación financiera, por ejemplo, permite apoyar proyectos sociales, ONGs y personas en situación de vulnerabilidad. Este acto de desprendimiento no solo suple necesidades urgentes, sino que también refuerza en quien dona la sensación de propósito y pertenencia a una causa mayor. El voluntariado transforma habilidades y tiempo en herramientas de impacto positivo. Al dedicar esfuerzos para ayudar a comunidades o individuos, se desarrolla empatía y conexión genuina con la colectividad.

Otro camino poderoso es la donación de bienes materiales. Ropa, alimentos, libros o juguetes que ya no tienen utilidad pueden ser fundamentales para otras personas. Este gesto simple no solo atiende necesidades inmediatas, sino que también incentiva una cultura de consumo consciente, en la cual el exceso es redistribuido de forma responsable. Compartir comidas, por su parte, lleva un simbolismo especial. Invitar a alguien a dividir la comida va más allá del alimento físico; es una invitación para celebrar la vida, estrechar lazos y crear recuerdos afectivos.

Ofrecer ayuda, incluso en pequeños gestos, es igualmente transformador. Escuchar con atención, auxiliar en una tarea o simplemente estar presente puede hacer una diferencia inconmensurable en la vida de alguien. Este cuidado genuino crea un ambiente de apoyo mutuo, donde la empatía y el respeto son cultivados. Compartir conocimiento también se revela como una forma poderosa de contribución. El intercambio de saberes, ya sea a través de mentorías, charlas o conversaciones informales, amplía horizontes, inspira nuevos caminos y fortalece la red de aprendizaje colectivo.

Dedicar tiempo de calidad es, tal vez, una de las expresiones más auténticas de generosidad. Estar presente de forma plena, escuchar atentamente y demostrar interés sincero alimenta los vínculos afectivos y crea un espacio de confianza y acogida. Además, esparcir alegría y positividad a través de palabras de aliento o gestos de gentileza tiene el poder de iluminar el día de alguien. Estas acciones simples desencadenan una corriente de bienestar que se esparce silenciosamente, contribuyendo para hacer el mundo más ligero y esperanzador.

Para que el acto de compartir sea aún más impactante, es esencial actuar con el corazón. La autenticidad, el desprendimiento y la generosidad genuina hacen que cada gesto tenga un peso significativo. No se trata de cantidad, sino de la calidad de la intención detrás de la acción. Pequeñas actitudes realizadas con amor y consistencia tienen el poder de transformar realidades. Además, encontrar formas creativas de contribuir puede ampliar el alcance de la generosidad. Proyectos innovadores, acciones comunitarias e iniciativas sociales son caminos para esparcir la abundancia de manera única y transformadora.

Por último, la constancia es la clave para mantener este flujo de abundancia activo. Volver la generosidad parte de la rutina, con prácticas diarias o regulares de compartir, integra este valor al modo de vivir. Cada acción, por pequeña que sea, refuerza la cultura de solidaridad y cooperación. Al compartir con frecuencia, se inspira a otras personas a hacer lo mismo, creando una red sólida de apoyo y prosperidad.

Así, compartir la abundancia se vuelve más que un simple acto: es una elección de vida. Una decisión consciente de vivir en armonía con el mundo y con aquellos que nos rodean. Esta práctica continua no solo transforma a quien recibe, sino principalmente a quien ofrece, cultivando un estado duradero de contento, plenitud y conexión verdadera con el flujo natural de la prosperidad.

Al integrar el acto de compartir a la rutina diaria, se percibe que la abundancia no es un recurso finito, sino una energía que se renueva con cada gesto de generosidad. Esta práctica constante transforma no solo a quien recibe, sino principalmente a quien ofrece, promoviendo un estado de contento y plenitud. La consciencia de que pequeñas actitudes pueden desencadenar grandes cambios fortalece la confianza en el impacto colectivo y alimenta el deseo de contribuir de forma continua para el bienestar común.

Esta perspectiva amplía la comprensión de prosperidad, desvinculándola de la acumulación individual y conectándola al flujo constante de intercambio y colaboración. La verdadera riqueza se revela en la capacidad de reconocer el valor de las relaciones, del tiempo y de la atención dedicada al prójimo. Al actuar con generosidad y empatía, se construye una red de apoyo resiliente, capaz de enfrentar desafíos y celebrar conquistas de forma conjunta, creando bases sólidas para un futuro más próspero.

Así, compartir la abundancia no es solo un gesto aislado, sino una elección consciente de vivir en armonía con el mundo alrededor. Este camino de generosidad transforma la realidad e inspira nuevas posibilidades de crecimiento colectivo. Al cultivar esta práctica, se refuerza el compromiso con una existencia más equilibrada, donde la prosperidad se expande naturalmente y toca la vida de todos de manera positiva y duradera.

Epílogo

Al llegar al final de esta jornada, una verdad se revela con claridad: la abundancia no es un destino, sino un camino continuo, una elección diaria que se manifiesta en cada pensamiento, palabra y acción. Has recorrido senderos que desafiaron antiguas creencias, desvelado los velos que ocultaban tu potencial y, ahora, cargas contigo una nueva percepción sobre lo que significa vivir plenamente.

Pero esta travesía no termina aquí. Al contrario, es ahora cuando verdaderamente comienza.

Todo lo que fue explorado en estas páginas —el poder de los pensamientos positivos, la fuerza de las afirmaciones, la práctica de la visualización creativa, la comprensión de la Ley de Atracción, la superación de las creencias limitantes, la inmersión en el autoconocimiento y la búsqueda por la sanación interior— forma un cimiento sólido. Un terreno fértil, listo para que plantes las semillas de la vida que deseas cultivar.

Ya has despertado.

Ahora es el momento de sustentar ese despertar. La verdadera transformación acontece cuando el conocimiento se torna práctica, cuando la inspiración se traduce en acción. Cada enseñanza absorbida aquí es una herramienta que espera ser utilizada, no de forma esporádica, sino como parte integrante de tu rutina, moldeando silenciosamente tu realidad.

Tal vez ya hayas sentido cambios sutiles en tu percepción o experimentado pequeñas sincronicidades a lo largo de esta lectura. Esos son signos de que la energía de la abundancia ya comenzó a fluir, respondiendo a tu nueva vibración. Reconoce esos momentos como confirmaciones de que estás en el camino correcto.

Pero recuerda: la jornada de la abundancia exige constancia. Las antiguas creencias pueden intentar retornar, los desafíos inevitablemente surgirán, pero ahora posees las herramientas para enfrentarlos con ligereza y sabiduría. Has comprendido que eres el creador de tu realidad y que el poder de transformar tu vida está, y siempre estuvo, dentro de ti.

Permítete confiar.

Confía en los procesos invisibles, en los ciclos naturales de la vida y, principalmente, confía en ti mismo. La abundancia se expande donde hay gratitud, donde hay entrega genuina. Y cuanto más te alineas con ese flujo, más percibirás que prosperar no es acumular, sino compartir, no es controlar, sino fluir.

Mira a tu alrededor y percibe las oportunidades que ahora se presentan con más claridad. Observa cómo tus relaciones, tus decisiones y tu visión del mundo se transformaron. Y si, en algún momento, te sientes perdido, vuelve a las raíces de este aprendizaje: la práctica de la gratitud, el poder del pensamiento positivo, la fuerza del autoconocimiento.

La jornada es continua porque la vida es movimiento. Eres un ser en constante evolución.

Evoluciona. Expande. Inspira.

Que lleves adelante esta nueva perspectiva, esparciendo semillas de abundancia por donde pases. Que tus palabras, acciones y elecciones inspiren a otros a también despertar a su propio poder. Porque la verdadera abundancia no se limita al individuo; florece cuando es compartida, cuando transforma no apenas quien somos, sino también el mundo a nuestro alrededor.

Ahora, con cada amanecer, renueva el compromiso con tu evolución. Mantente abierto a las infinitas posibilidades y sigue nutriendo cada aspecto de tu existencia —mental, emocional, espiritual, física y material—. Así, serás no apenas alguien que busca la abundancia, sino alguien que vive la abundancia.

Este libro se cierra, pero tu jornada continúa.

Que la plenitud te acompañe en cada paso.

Con respeto e inspiración,

www.ingramcontent.com/pod-product-compliance
Lightning Source LLC
LaVergne TN
LVHW040048080526
838202LV00045B/3537